Reiseführer

Ägypten

von Jan Marot

 ADAC Top Tipps

Das müssen Sie gesehen haben! Die zehn Top Tipps bringen Sie zu den absoluten Highlights.

 ADAC Empfehlungen

Unterwegs gut beraten: Diese 25 ausgesuchten Empfehlungen machen Ihren Urlaub perfekt.

Preise für ein DZ mit Frühstück:
€ | bis 800 LE
€€ | bis 1600 LE
€€€ | ab 1600 LE

Preise für ein Hauptgericht:
€ | bis 120 LE
€€ | bis 250 LE
€€€ | ab 250 LE

Inhalt

■ Intro

Impressionen 4
Auf einen Blick 9

■ ADAC Quickfinder

Das will ich erleben 10

Hier finden Sie die Orte, Sehenswürdigkeiten und Attraktionen, die perfekt zu Ihnen passen.

■ Unterwegs

Unterägypten: Mittelmeerküste und Nildelta 16

1 **Alexandria** 18
2 **Abu Mena** 26
3 **El-Alamein** 27
4 **Marsa Matruh** 29
5 **Oase Siwa** 29
6 **Damiette** 32
7 **Al-Mansura** 33
8 **Tanis** 34
9 **Zagazig** 35
10 **Wadi an-Natrun** 35
Übernachten 37

Von Kairo und Gizeh südwärts durch das Niltal 38

11 **Kairo** 40
12 **Gizeh** 55
13 **Sakkara** 58
14 **Dahschur** 60
15 **Oase Bahariyya** 61
16 **Oase Farafra** 63
17 **Al-Fayyum** 64
18 **Tell el-Amarna** 64
19 **Sohag** 65
20 **Abydos** 66
21 **Dendera** 67
Übernachten 69

Oberägypten: Von Luxor nach Abu Simbel 70

22 **Luxor** 72
23 **Oase Charga** 85
24 **Oase Dachla** 86
25 **Esna** 87
26 **Edfu** 88
27 **Kom Ombo** 89
28 **Assuan** 90
29 **Kalabscha** 96
30 **Amada** 97
31 **Abu Simbel** 98
Übernachten 101

Die Küste des Roten Meeres und des Sinai 102

32 **Nationalpark Wadi al-Gimal** 104
33 **Marsa Alam** 104

Inhalt

34	Al-Qusair	106
35	Soma Bay	107
36	Hurghada	107
37	El-Guna	109
38	Pauluskloster	111
39	Sues	111
40	Scharm asch-Schaich	112
41	Nationalpark Ras Mohammed	114
42	Dahab	115
43	Oase Aïn Khudra	117
44	Katharinenkloster und Mosesberg	117
45	Nuwaiba	118

Übernachten 120

■ Service

Ägypten von A–Z 122

Alle wichtigen reisepraktischen Informationen – von der Anreise über Notrufnummern bis hin zu den Zollbestimmungen.

Festivals und Events 126
Chronik 136
Mini-Sprachführer 137
Alle Blickpunkt-Themen in diesem Band 138
Register 138
Bildnachweis 141
Impressum 142
Mobil vor Ort 144

Zu diesen Orten und Sehenswürdigkeiten finden Sie Detailkarten im Innenteil des Reiseführers.

Umschlag:

ADAC Top Tipps: Vordere Umschlagklappe, innen ❶

ADAC Empfehlungen: Hintere Umschlagklappe, innen ❷

Übersichtskarte Unterägypten und Sinai: Vordere Umschlagklappe, innen ❸
Übersichtskarte Oberägypten: Hintere Umschlagklappe, innen ❹

Stadtplan Kairo: Hintere Umschlagklappe, außen ❺
Ein Tag in Kairo: Vordere Umschlagklappe, außen ❻

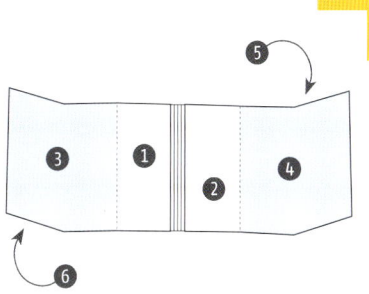

Wüstenwunderland an der Lebensader Nil

Altägyptische Schätze und pulsierende Metropolen, Traumstrände und die endlose Sahara verzaubern Reisende und Abenteurer

Der Nil – im alten Ägypten Grenze zwischen dem Reich der Lebenden und der Toten

Kaum ein Land erweckt derart viele Bilder im Kopf wie Ägypten, der Sehnsuchtsort am Nil. Jedes Kind kennt die Pyramiden von Gizeh. Es ist das einzige Weltwunder der Antike, das fünf Jahrtausende überdauert hat. Die rätselhafte Sphinx, die am Zugang zur Nekropole wacht, ist ebenso ein Begriff wie der »Fluch des Pharao«, der einige Menschen heimgesucht haben soll, die 1922 zusammen mit dem Archäologen Howard Carter die Schätze im Grab des Pharaos Tutanchamun im Tal der Könige bei Luxor entdeckt hatten.

Ebenso unvergessen sind die Namen mächtiger Herrscher, allen voran Pharao Ramses II., dessen Monumentalstatuen Betrachter bis heute ehrfürchtig erstaunen lassen; Alexander der Große, der Ägypten von den Persern eroberte und die Stadt Alexandria gründete;

Impressionen aus Ägyten

oder der selbst im christlichen Abendland des Mittelalters hoch angesehene Widersacher Saladin mit seiner alles überschauenden Zitadelle in Kairo.

Götter und Mumien

Am Nil, der Lebensader Ägyptens, entstand eine der ersten Hochkulturen der Welt. Die Überschwemmungszyk-

len des Flusses machten Ackerbau und Plantagenwirtschaft in der lebensfeindlichen Wüste erst möglich. Nicht umsonst richteten die alten Ägypter ihre Zeitrechnung am Nilhochwasser aus, das maßgeblichen Einfluss auf Wohlstand und Überfluss, aber auch Hungersnöte und Krisen hatte. Einer Perlenkette gleich säumen Städte den blauen Fluss bis weit in den Süden. Viele wurden von Pharaonen gegründet, wovon kolossale Tempelanlagen für die alten Götter und die gottgleichen Pharaonen zeugen, etwa Abydos, Dendera, Luxor, Kom Ombo, Elephantine, Philae und Abu Simbel.

Der Sonnengott Amun-Re, der Gott der Unterwelt Osiris, die Göttin Isis, der schakalköpfige Anubis, der Falke Horus und der Krokodilgott Sobek sind nur einige der Götter, die verehrt wurden. Die Götter und Mythen dienten den Gläubigen zugleich als Wegweiser und Pfortenhüter zu Wiedergeburt oder ewiger Verdammnis. Solange das Herz des Verstorbenen beim Totengericht leichter war als eine Feder, war das

Tutanchamuns Mumie, umringt von Isis, Osiris und Hathor (unten) – Die Totenmaske Tutanchamuns (ganz unten)

Wüstenwunderland an der Lebensader Nil

Panoramablick vom Mosesberg auf dem Sinai (oben) – Alexandrias Amphitheater (Mitte) – Kirche der Hl. Barbara in Al-Fustat, Kairo (unten)

Moses und Markus

Als Wiege der Zivilisation prägte das alte Ägypten die griechische und römische Kultur. Die Provinz Aegyptus diente bis zum Niedergang Konstantinopels als Kornkammer des römischen Reichs.

Der Apostel Markus legte den Grundstein für das Christentum und die erste Kirche in Alexandria. Die koptischen Christen, heute rund 10–15 Millionen, und die verschwindend kleine jüdische Gemeinde blicken beide auf eine lange Geschichte in Ägypten zurück. Immerhin war es niemand Geringerer als Moses selbst, der auf dem Berg Sinai, dem Mosesberg oder Dschebel Musa, die Zehn Gebote aus Gottes Hand empfing und sein Volk der Hebräer nach der Vertreibung aus Ägypten auf Befehl des Pharaos

ewige Leben so gut wie erreicht. Die sterbliche Hülle wurde dafür in penibler ritueller Arbeit mumifiziert. Und diese Kunstwerke überdauern Jahrtausende.

Impressionen aus Ägyten

durch das Rote Meer ins Heilige Land nach Kanaan führte. Aber auch die Heilige Familie floh vor Herodes nach Ägypten. Klöster wie das berühmte Katharinenkloster auf dem Sinai, aber auch im Wadi Natrun, Kirchen in Alt-Kairo und Einsiedeleien bis weit in den Süden bei Assuan in Nubien bergen um die 1500 Jahre an christlicher Geschichte.

Für Gott und den Propheten

Seit dem 7. Jh. bestimmt der Islam das religiöse Leben in Ägypten. Prachtvolle architektonische Meisterwerke sind Moscheen, Koranschulen (Medersen), Universitäten, Mausoleen und Bäder in den islamisch-arabischen Altstadtkernen, allen voran in Kairo, der »Mutter der Welt«. Farbenprächtige Basare bieten edles Kunsthandwerk und eine ganze Gewürzpalette feil. Mächtige Dynastien wie die Abbasiden, Fatimiden, Ayyubiden, Mamluken und Osmanen förderten den Glauben, aber auch die Wissenschaften und Künste. Damit beeinflusste Ägypten in seiner Brückenfunktion den Okzident, aber natürlich auch den Orient, und das bis in die Gegenwart als eine, wenn nicht die Leitkulturnation der arabischen Welt, von Musik und Kunst bis zu Film und Literatur – Nagib Mahfuz war der erste arabische Literaturnobelpreisträger.

》 *Ja. Ich sehe wunderbare Dinge!* 《

Howard Carter bei der Entdeckung des Grabs von Tutanchamun 1922

Grüne Oasen

Ägypten ist auch reich an Naturwundern, dazu zählen im Westen die Weiße und die Schwarze Wüste, das Tal der Wale bei Al-Fayyum mit versteinerten

Eine Zeitreise durch die Gassen im Ort Balat in der Dachla-Oase

Wüstenwunderland an der Lebensader Nil

Urzeitwalskeletten und die »Große Sandsee« bei der Oase Siwa mit über 600 000 Dattelpalmen. Auf dem Sinai faszinieren dagegen Schluchten wie der Farbige und der Weiße Canyon.

Und natürlich locken die Traumstrände am Roten Meer und am Mittelmeer, ein Paradies für Schnorchler und Taucher, von Marsa Alam über den Sinai bis Nuwaiba. Das Rote Meer birgt eine immense Artenvielfalt. Ferienresorts wie El-Guna, Soma Bay oder Port Ghalib erfüllen fast alle Urlaubsträume.

Teetrinken und Wasserpfeife rauchen

Kairo und Gizeh bilden einen Ballungsraum, der etwa ein Viertel der Gesamtbevölkerung Ägyptens beherbergt – laut, chaotisch und voller Leben, 24 Stunden am Tag, sieben Tage die Woche. Aber auch die mediterrane Metropole Alexandria zieht Besucher in ihren Bann. Weltoffen und dem Meer zugewandt, auch wenn das neoklassizistische Zentrum deutlich Patina angesetzt hat. In den Kaffee- und Teehäusern an der Küstenpromenade wie im gesamten Land wird ägyptische Lebensart zelebriert. Domino- und Backgammon spielend wird an der Wasserpfeife gezogen, gescherzt und am Hibiskus- oder Schwarztee mit Minze genippt.

Im oberägyptischen Nubien sind traditionelle Tänze und Musik das jahrtausendealte, lebendige Erbe eines Volkes, das seine Eigenart unterstreicht. Ähnlich die Beduinen des Sinai: Ihr (halb-)nomadisches Leben haben sie weitgehend aufgegeben, ihre Wurzeln jedoch nicht vergessen.

Die Wasserpfeife ist in ganz Ägypten allgegenwärtig, auch bei den Nubiern im Süden

Auf einen Blick

Revolution und Renaissance

Nach der gescheiterten Revolution des Arabischen Frühlings (für viele nur »die Katastrophe«) von 2011 steht das stets autoritär regierte Land politisch und sozial vor großen Herausforderungen. Präsident Abd al-Fattah as-Sisis Prioritäten sind nahezu pharaonische Infrastrukturinvestitionen in eine »Neue Hauptstadt« bei Kairo, in das Autobahnnetz, den Nahverkehr, die Flughäfen und gar eine Hochgeschwindigkeitszugverbindung den Nil entlang. Es gilt, Arbeitsplätze zu schaffen, den Wohlstand zu fördern und dabei den wichtigen Wirtschaftszweig des Tourismus anzukurbeln, der sich an der Küste des Roten Meeres um die Resorts bei Hurghada konzentriert. Großes Potenzial haben dabei die Mittelmeerküste und der Wüstentourismus.

Hauptstadt Kairo ca. 9,5 Mio. Einwohner (Metropolregion: ca. 22,5 Mio.)

Fläche Rund 1 Mio. km², das entspricht etwa zweimal der Größe Spaniens

Einwohner 97,4 Mio.

Sprache Ägyptisches Arabisch

Währung Ägyptisches Pfund (LE)

Staatsform Semipräsidentielle Republik

Verwaltung Ägypten ist in 27 Gouvernements gegliedert, das bevölkerungsreichste ist Kairo, das flächenmäßig größte l-Wadi al-dschadid (über 375 000 km²)

Religion Islam (Sunniten) rd. 90 %, Christen (mehrheitlich Kopten) unter 10 %

Tourismus Rund 9 Mio. internationale Gäste pro Jahr

Wichtigste Vokabeln »Guays« (sehr gut, perfekt), »al-Hamdulillah« (»Gott sei Dank«)

Oft gehörtes Sprichwort »Ein Verliebter betrachtet eine Blume mit anderen Augen als ein Kamel.«

Darin sind die Ägypter Weltmeister Im Tauchen! Der Tiefenweltrekordhalter Achmed Gabr erreichte 332,35 m, die Schülerin Reem Ashraf Fawzy blieb 55 Std. unter Wasser

Das will ich erleben

Ägypten ist ein Sehnsuchtsort. Auf Schritt und Tritt begegnet einem das immense historische Erbe von über 5000 Jahren zivilisatorischer Höchstleistungen. In den Millionenstädten Kairo und Alexandria pulsiert das moderne Leben. Höchste Handwerkskunst und orientalische Aromen machen die Basare zum Fest für alle Sinne. Umsäumt wird das riesige Land im Norden und Osten von den Küsten des Mittelmeeres und des Roten Meeres mit Traumstränden und einer atemberaubenden Unterwasserwelt. Und dann ist da noch die schier endlose »Große Sandsee« der Sahara mit ihren grünen Oasen …

Altägyptische Tempel

Für ihre Götter und Herrscher errichteten die alten Ägypter monumentale Tempelbauten, die Jahrtausende überstanden haben und uns Menschen bis heute verschwindend klein aussehen lassen. Die spektakulärsten Anlagen laden zu einer zauberhaften Zeitreise ein.

14 Knickpyramide, Dahschur 61
Die altägyptischen Baumeister waren nicht unfehlbar
21 Hathor-Tempel, Dendera 68
Stoff für Science-Fiction-Autoren
22 Luxor-Tempel 73
Der Trinität um Amun, Mut und Chons geweiht
28 Isis-Tempel von Philae 95
Göttin Isis fand hier das Herz ihres Gatten Osiris

Meisterhafte Moscheen

Keine zehn Jahre nach dem Tod des Propheten Mohammed eroberte sein Vertrauter 'Amr ibn al-'As 639 Fustat und gründete das heutige Kairo. Seither sind über 1300 Jahre vergangen, in denen muslimische Herrscherfamilien prächtige Moscheen schufen.

1 Moschee des Abu-l-Abbas al-Mursi, Alexandria 22
Imposanter Neubau einer Grabmoschee
11 Moschee des 'Amr ibn al-'As, Kairo 48
Die älteste Moschee Kairos und damit ganz Afrikas
22 Moschee des Abu-l-Haggag im Luxor-Tempel 74
Das Minarett überragt den Tempelkomplex

ADAC Quickfinder

Kirchen und Klöster

Seit zwei Jahrtausenden prägt das Christentum den Alltag der Ägypter mit. Kopten und Katholiken errichteten nicht nur an den Stationen des ägyptischen Exils der Heiligen Familie Kirchen und Klöster. Der Apostel Markus brachte das Evangelium ins Pharaonenreich.

1 Sankt-Markus-Kathedrale, Alexandria 21
Wo Apostel Markus die erste Kirche Ägyptens baute

11 Hängende Kirche, Kairo 47
Mehr als 110 Ikonen zieren die älteste Kirche Kairos

28 Simeonskloster, Assuan 94
Wehrhafte Ruinen hoch über dem Nil-Katarakt

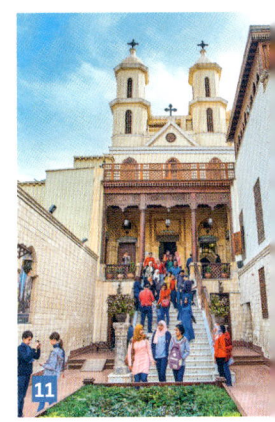

Die schönsten Strände

Feinster weißer Sand, kristallklares Wasser, ganzjährig warme Temperaturen, eine Top-Infrastruktur an den hoteleigenen Stränden und dazu im Roten Meer die weltbesten Spots für Taucher.

4 El-Gharam-Strand, Marsa Matruh 29
Ungetrübter Badespaß für die ganze Familie

32 Scharm el-Luli, Nationalpark Wadi al-Gimal 104
Mehr als ein Hauch von »Malediven-Feeling«

33 Abu Dabbab, Marsa Alam 105
Ein paradiesisches Riff für Tauch- und Schnorchelfans

Ägypten am Gaumen

Die Küche des Landes wurde von altägyptischen, griechischen und römischen Traditionen, den Aromen des Orients und den britischen Kolonialherren geprägt.

1 White and Blue Restaurant im Club Nautique Hellenique, Alexandria 24
Fangfrischer Fisch und Meeresfrüchte

11 Abou Tarek Koshary, Kairo 46
Ägyptens vegetarisches Nationalgericht

28 El-Dokka, Assuan 96
Lukullische Genüsse aus der Küche Nubiens

36 Moby Dick, Hurghada 109
Top-Burger, Shrimps und Kamel-Steaks

Das will ich erleben

Wunder der Natur

Das Land birgt einzigartige Dünenlandschaften, zerklüftete Gebirgszüge mit farbenprächtigen Canyons und die wunderbare Unterwasserwelt des Roten Meeres.

- **5 Salzseen bei Siwa** 31
  In den Salzseen kann man sich treiben lassen
- **15 Schwarze Wüste bei Bahariyya** 62
  Eine von Vulkangestein bedeckte Wüstenlandschaft
- **41 Nationalpark Ras Mohammed** 114
  Meeresschutzgebiet um den Südzipfel des Sinai
- **45 Coloured Canyon bei Nuwaiba** 119
  Von Rosa bis Ocker schimmern die Sandsteinwände

Ägyptische Andenken

Bei all der Auswahl an herrlichem Handwerk, Parfüm, Papyruszeichnungen, Gewürzen und Tee fällt es schwer, keinem Kaufrausch zu erliegen. Wer wenig Platz im Koffer hat, ist mit einem Beutel Hibiskus- oder Malvenblüten, Gewürzen oder Kühlschrankmagneten zufrieden. Wer mehr Freigepäck hat, kann einen Teppich ins Auge fassen.

- **13 Teppiche aus Sakkara** 60
  Handgewebt oder geknüpft
- **22 Gewürze von El Nouby, Luxor** 78
  Wunderbare Gewürzmischungen wie »Ras al-Hanut«
- **28 Malvenblüten, Alte Souks, Assuan** 91
  Beste Qualität für das Nationalgetränk »Karkadeh«

Traumhafte Aussichten

Es ist gar nicht einfach, die schönsten Ausblicke des Landes aufzulisten. Sie werden sicher selbst noch weitere, wunderbare Panoramen entdecken! Aber diese drei sollten Sie keineswegs verpassen.

- **1 Die Corniche von Alexandria zum Sonnenuntergang** 21
  Der Blick schweift über die Zitadelle
- **11 Blick vom Cairo Tower** 43
  Das schier endlose Lichtermeer über Kairo und Gizeh
- **41 Shark Observatory, Nationalpark Ras Mohammed** 114
  Vom Südzipfel des Sinai auf das Rote Meer schauen

ADAC Quickfinder

Unvergessliche Ausflüge

Sie haben die Wahl: eine Achterbahnfahrt im Geländewagen über hohe Dünen? Oder lieber ganz gemütlich am Nil entlangsegeln? Oder aber ein kurzer Kamelritt? Am besten lassen Sie auf Ihrer Ägyptenreise nichts davon aus oder kommen einfach im nächsten Jahr wieder!

5 Wüstensafari zur heißen Quelle bei Siwa 31
Eine Allradtour in die »Große Sandsee«

12 Kamelritt bei den Pyramiden, Gizeh 57
Einmal auf dem Rücken eines Dromedars sitzen

22 Feluken-Fahrt zum Sonnenuntergang, Luxor 79
Im Abendrot auf dem heiligen Fluss schippern

Die besten Museen

Die Museen Ägyptens bieten einen tiefen Einblick in die Schätze der Pharaonen-Ära und die Lebensart vor Jahrtausenden. Hinzu kommen moderne, zeitgemäß gestaltete Museen, die sich Höhepunkten islamischer Kunst oder den Traditionen der Nubier widmen.

11 Ägyptisches Museum, Kairo 42
Das größte Schatzhaus des alten Ägypten

22 Mumifizierungsmuseum, Luxor 74
Der Weg ins Paradies war eine aufwendige Prozedur

28 Nubisches Museum, Assuan 95
Eine Zeitreise durch Jahrtausende nubischer Kultur

Geschichtsträchtige Oasen

In den Weiten der Sahara, aber auch in der gebirgigen Steinwüste des Sinai waren Oasen seit Jahrtausenden wichtige Siedlungen.

15 Bahariyya 61
Vom »Berg der Engländer« auf die Oasenstadt blicken

17 Al-Fayyum 64
Durchkreuzt von einer Vielzahl an Kanälen

24 Dachla 86
Auf den Spuren des Afrikaforschers Friedrich G. Rohlfs

43 Aïn Khudra 117
Die schönste Oase des Sinai

Unterwegs

Der Papyrus-Säulenwald, die prächtigen polychromen Hieroglyphen, die Obelisken und der heilige See zeugen anschaulich vom einstigen Glanz Karnaks

Unterägypten: Mittelmeerküste und Nildelta

Um die weltoffene Metropole Alexandria warten Traumstrände, während die Siwa-Oase ein Paradies mitten in der Sahara ist.

Seit seiner Gründung durch Alexander den Großen 331 v. Chr. ist das strategisch günstig gelegene Alexandria Ägyptens Hafen und Tor zur Welt. Als Hauptstadt der ptolemäischen Herrscher, aber auch unter der Ägide Roms, florierten Handel, Künste und Wissenschaften. Der Leuchtturm von Pharos, eines der sieben Weltwunder der Antike, geleitete Schiffe an ihr Ziel. Mit den immensen Beständen des Museions und der Großen Bibliothek erleuchtete Alexandria über Jahrhunderte den Geist der Menschen. In der Umgebung kommen Erholungssuchende an den wohl schönsten Stränden des östlichen Mittelmeeres auf ihre Kosten. Das Hinterland birgt die unbeschreiblich schöne und seit der Antike bewohnte Siwa-Oase. Im fruchtbaren Nildelta erwarten Sie die Ruinen der altägyptischen Hauptstädte Tanis und Bubastis. Einsiedlerklöster wie Abu Mena und im Wadi an-Natrun boten frühen Christen ab dem 4. Jh. Schutz vor religiöser Verfolgung und sind spirituelle Rückzugsorte der Gegenwart.

In diesem Kapitel:

1. **Alexandria** 18
2. **Abu Mena** 26
3. **El-Alamein** 27
4. **Marsa Matruh** 29
5. **Oase Siwa** 29
6. **Damiette** 32
7. **Al-Mansura** 33
8. **Tanis** 34
9. **Zagazig** 35
10. **Wadi an-Natrun** 35

Übernachten 37

ADAC Top Tipps:

 Alexandria
| Stadtbild |
Die mediterran-pulsierende arabische Metropole bezaubert mit dem Erbe ihrer überaus bewegten Geschichte und einem europäisch geprägten Zentrum im Kolonialstil. 18

 Oase Siwa
| Oase |
Über 600 000 Dattelpalmen, Wüsten-Salzseen und ein antikes Amun-Orakel, das dem berühmtesten Makedonier, Alexander dem Großen, weise Worte mitgegeben haben soll. 29

ADAC Empfehlungen:

① Bibliotheca Alexandrina
| Zeitgenössische Architektur |
Das Meisterwerk zeitgenössischer Architektur knüpft an die Tradition der antiken »Großen Bibliothek« an. 20

② Prepy Patísserí, Alexandria
| Patisserie |
Bis in die Hauptstadt Kairo und darüber hinaus sind die orientalischen Patisserie-Kreationen berühmt. 25

③ Abu Mena
| Kloster |
Die Pilgerstätte am Grab des Heiligen Menas lockt Gläubige seit dem 4. Jh. in die Mariut-Wüste. 26

④ Tanis
| Archäologische Stätte |
Dank der Eröffnung als modernes Freilichtmuseum zählt die altägyptische Hauptstadt mit ihren Pharaonengräbern wieder zu den Top-Sehenswürdigkeiten. 34

⑤ Jaz Almaza Beach Resort, Marsah Matruh
| Hotel |
Die orientalisch-palastartige Pracht, modernste Ausstattung und eine weitläufige Pool-Landschaft werden nur noch vom hoteleigenen Traumstrand übertroffen. 37

Alexandria (Al-Iskandariyya)
Das geistige und kulturelle Zentrum der antiken Welt

Die Sidi Yaqut al-Arshi-Moschee im Fischerviertel Anfoushi

 Information

- Tourist Information Center TIC, Midan Saad Zaghlul, bei der Raml-Tramway-Station, Tel. 03/485 15 56, tgl. 8.30–18 Uhr, am Hauptbahnhof (Mahattat Misr), Tel. 03/392 59 85, tgl. 9–18 Uhr, www.alexandria.gov.eg
- Parken: siehe S. 24

 Ihr mediterran-orientalisches Flair verzaubert die Besucher

Das altehrwürdige Alexandria mit seiner fast 2400-jährigen Geschichte hat schon weit glanzvollere Zeiten durchlebt. Gegründet von Alexander dem Großen 331 v. Chr. an zwei Buchten, die natürliche Häfen bildeten, an der Stelle eines altägyptischen Fischerdorfes, stieg die Stadt unter den ptolemäischen Herrschern zur Hauptstadt Ägyptens und einem kulturellen Zentrum der hellenistischen Welt auf. Legendär war die Große Bibliothek, über deren Ende wilde Theorien kursieren. Dass indes mehrere schwere Erdbeben eines der sieben Weltwunder der Antike, den Leuchtturm von Pharos (S. 20), zum Einsturz brachten, ist historisch belegt.

Über Alexandria hielt das Christentum schon früh Einzug in Ägypten. Der Apostel Markus selbst legte hier im

Alexandria (Al-Iskandariyya) 1

Plan
S. 21

◉ Sehenswert

❶ Kom el-Dikka
| Archäologische Stätte |

Das römische Viertel (2. Jh.) wurde in den 1960er-Jahren zufällig von polnischen Archäologen entdeckt. In der Antike war es ein nobles Wohnviertel, Mitte des 20. Jh. war Kom el-Dikka hingegen das, was es wörtlich bedeutet: ein »Schutthaufen« und Slum. Hier vermuteten Forscher das bis heute vergebens gesuchte Grab Alexanders des Großen. Wunderbare Mosaiken haben sich in den Villen (etwa im »Haus der Vögel«) im äußersten Südosten der Ausgrabungsstätte erhalten, aber auch Überreste der einstigen Bäder, Zisternen, Tempel und ein Amphitheater aus Rosengranit aus Assuan.

▪ Sh. Ismail Mahana, tgl. 8–16, im Sommer bis 17 Uhr, 80 LE, erm. 40 LE

1. Jh. n. Chr. den Grundstein für die Evangelisierung wie auch für die erste Kirche des Landes.

Im Laufe der überaus bewegten Geschichte gingen zahllose Kulturdenkmäler verloren. Andere wurden und werden von Archäologen oder bei Bauarbeiten entdeckt. Selbst die wunderbaren Bürger- und Herrenhäuser aus dem 19. Jh. sind längst stark von den Zeichen der Zeit gezeichnet. Ebendiese Patina trägt jedoch zum Charme Alexandrias bei. Die griechisch-römischen Ruinen, das klare Licht, die Teehäuser und Streetfood-Stände machen sie zu einer überaus romantischen Stadt.

ADAC *Mobil*

Die blauen Linien der **Tramway Alexandria** bringen einen vergleichsweise rasch und günstig (1 LE, Einzelfahrt) von der Raml-Station am Saad-Zaghlul-Platz an der Corniche zur Bibliotheca Alexandrina (zwei Stationen, bis Shaheed Mostafa Zayan, Universität) und zum Königlichen Schmuckmuseum (Zezenia, El-Safa), mit etwas Glück gar in einem der sechs verbliebenen Doppelstockwagen. Reichlich Nostalgiefaktor haben auch die alten gelben Tramway-Garnituren der Medina-Linien (Einzelfahrt 0,50 LE).

Alexandria (Al-Iskandariyya)

❷ Nationalmuseum
| Archäologisches Museum |
Da das berühmte Griechisch-Römische Museum (in der Sh. al-Mesallah Sharq) in langwierigen Umbauarbeiten steckt, ist das Nationalmuseum die beste Alternative für einen genussvollen Museumsbesuch. Im Stadtpalais wird man durch die wichtigsten Epochen der Geschichte der Stadt und Ägyptens geführt. Klar strukturiert, wartet es mit einzigartigen Exponaten auf: vom alten Ägypten mit Mumien und Sarkophagen bis in die Gegenwart. Alle Objekte sind exzellent präsentiert und erklärt.

▪ Mathaf al-Iskandariyya al-Qaum, Sh. el-Horeya 131, tgl. 9–16.30 Uhr, 100 LE, erm. 50 LE

❸ Bibliotheca Alexandrina
| Zeitgenössische Architektur |

 Das Meisterwerk moderner Architektur birgt nicht nur Bücher

2002 feierlich eingeweiht, soll der optisch und funktionell geniale Neubau in Diskusform, dessen Fassade Schriftzeichen einer Vielzahl lebender und toter Sprachen zieren, an die Tradition der alexandrinischen Großen Bibliothek der Antike und des Museions anknüpfen. Der Entwurf des Schmuckstücks moderner Architektur stammt vom norwegisch-US-amerikanischen Büro Snøhetta von den Architekten Craig Edward Dykers, Kjetil Trædal Thorsen sowie dem Österreicher Christoph Kapeller. Mehr als 700 000 einzigartige Handschriften, Schriftrollen und Papyri hatte das Vorbild der Antike gemäß Überlieferungen in seinem Bestand, ehe der Bau mehrmals, erstmals wohl 48 v. Chr. bei einem Angriff Roms unter Julius Cäsar und Kleopatra VII. und dann nochmals im 3. Jh., ein Raub der Flammen wurde. Die letzten Schriften, so glaubt man, gingen mit der islamischen Eroberung im 7. Jh. verloren.

Mit rd. 1,2 Mio. Büchern zur Freihandentnahme und Handschriften dient die neue Bibliothek in erster Linie dem Studium und Erhalt von Wissen. Der geführte Rundgang (Englisch, Französisch, Arabisch) umschließt den Lesesaal, der den Weltrekord des größten überdachten Raumes hält, und die unterschiedlichen Museen (4) und Ausstellungen (15). Von der herausragenden alten Manuskriptsammlung (darunter muslimische aus Al-Andalus, ein Geschenk Spaniens), einem überaus sehenswerten Archäologischen Museum mit Mumien, Statuen, griechischen und römischen Mosaiken, die man beim Bau fand, und berühmten Mumienporträts aus der Oase Al-Fayyum (S. 64), über ein Museum für Ex-Präsident Anwar as-Sadat bis hin zu zeitgenössischer Kunst.

▪ An der Corniche (Sh. Tariq el-Gaish), Zugang über Sh. Emtedad Dr. Abd al-Hamid Sayed, Tel. 03/483 99 99, www.bibalex.org, Mo–Do 10–19, Fr 14–19, Sa,

ADAC *Wussten Sie schon?*

Um 299 und 279 v. Chr. vom griechischen Baumeister Sostratos von Knidos im Auftrag von Ptolemaios I. errichtet, wies der **Leuchtturm von Pharos** Handels- und Kriegsschiffen der Antike den Weg in den sicheren Hafen. Mit 120 bis 140 m Höhe war der Lichtstrahl gar 100 Seemeilen weit auf dem offenen Meer zu erkennen.
Nie wieder wurde ein Leuchtturm auch nur annähernd mit dieser Höhe errichtet.

Alexandria (Al-Iskandariyya) 1

So 12–16 Uhr, 70 LE (inkl. Führung, erm. 35 LE, für die Museen muss man extra Tickets lösen, Antiquitätenmuseum 50 LE, erm. 25 LE, Manuskriptsammlung 30 LE, erm. 15 LE, Sadat-Museum frei

4 Sankt-Markus-Kathedrale
| Koptische Kathedrale |

Exakt an dieser Stelle in Alexandria soll der Evangelist Markus, der Alexandria um 40–50 n. Chr. erreichte, die erste christliche Kirche Ägyptens errichtet haben – und bis zu seinem Martyrium 68 n. Chr. als erster Bischof und erster koptischer Papst gedient haben. Mehrmals wurde das Gotteshaus vollkommen zerstört und stets wieder neu aufgebaut. Über Jahrhunderte ruhte hier auch des Apostels Leichnam, ehe er der Überlieferung nach 828 von venezianischen Händlern gestohlen wurde. Kopten glauben, dass zumindest der Schädel des Heiligen in der Krypta verblieb, wo er bis heute als Reliquie verehrt wird.

■ Al-Katidraiyya al-Qadis Murqus, Sh. Kanisa al-Akbat, frei, Spende erwünscht, die Polizisten bei der Sicherheitskontrolle (haben Sie Geduld, Sie werden mitunter dreifach durchgecheckt) erwarten zudem meist etwas Bakschisch (10–20 LE)

5 Corniche
| Küstenpromenade |

Die leider sehr stark befahrene und trotzdem traumhafte Küstenpromenade, auch Tariq el-Gaish oder Shari' 26. Julyu genannt, verläuft von der Bibliotheca Alexandrina bis zur Qaitbay-Zitadelle. Tagsüber genießt man eine erfrischende Brise, während man die detailreichen Fassaden europäischer Bürgerhäuser mit traditionsreichen Tee- und Kaffeehäusern auf der einen

1 Alexandria (Al-Iskandariyya)

Plan S. 21

Die Küstenpromenade Corniche wird von kolonialen Bürgerhäusern gesäumt

Seite bestaunen kann und die Hafenbucht auf der anderen stets im Blick hat. Besonders zum Sonnenuntergang füllt sich die Promenade mit Einheimischen, Familien und verliebten Pärchen. Straßenhändler bieten Tee, Eiscreme und allerlei Snacks an.

6 Moschee des Abu-l-Abbas al-Mursi
| Moschee |

Auch wenn diese prachtvolle, weiße Moschee im Stadtteil Anfoushi historisch wirkt, so ist der vom italienischen Architektenduo Eugenio Valzania und Mario Rossi 1929–1945 errichtete Neubau lediglich von ähnlichen religiösen Bauwerken in Kairo inspiriert. Im Inneren ruhen in einem prachtvollen Grabschrein die Gebeine des Namensgebers, Abu-l-Abbas al-Mursi, ein als Heiliger verehrter Sufi-Scheich des 13. Jh. aus dem damaligen Al-Andalus. Nebenan liegt die kleinere, im Stil ähnliche Moschee des Sidi Yaqut al-Arshi.

■ Sh. Masjid al-Mursi Abou Abbas, tgl. Sonnenauf- bis Sonnenuntergang, Spende erbeten

7 Qaitbay-Zitadelle
| Zitadelle |

An der Stelle auf der Insel Pharos, wo sich einst eines der sieben Weltwunder der Antike, der Leuchtturm von Alexandria, erhob, ließ der Mamluken-Sultan al-Ashraf Abu al-Nasr Qaitbay (1477–1479) aus dessen Trümmern und Fundament eine wehrhafte Küstenfestung (Qal'at Qaitbay) errichten. Es ist ein herrlicher Ort, um den Sonnenuntergang auf die rötlich getünchte Skyline der Stadt zu genießen.

■ Sh. Qaitbay, tgl. 8–16, im Sommer bis 17 Uhr, 60 LE, erm. 30 LE

Alexandria (Al-Iskandariyya)

8 Tahrir-Platz
| Platz |

Die Statue von Muhammad Ali Pascha (1770–1849) in der Platzmitte, einem der Nationalhelden Ägyptens, wacht über den weitläufigen Platz (Midan at-Tahrir), der von zahlreichen Teehäusern, Cafés, Kebab- und Falafel-Snackbars, Restaurants, Banken und Geschäften umrahmt wird. Er ist die Pforte zu den Basaren, die sich im Westen des belebten Areals in den Gassenschluchten erstrecken und die es sich zu erkunden lohnt.

9 Serapeum und Pompeius-Säule
| Römische Ruinen |

Einfach enorm, wie diese Säule fast 27 m in den Himmel ragt, flankiert von zwei ägyptischen Sphingen. Die Säule aus Assuan-Granit alleine misst über 20 m und wiegt Schätzungen zufolge stattliche 285 Tonnen. Sie ist damit einer der weltgrößten Monolithen und überragt bis heute die Trümmer des einstigen Hauptheiligtums der Mittelmeermetropole: das Serapeum, Ort der Verehrung des Serapis, Schutzgott Alexandrias und griechisch-ägyptische Doppelgottheit aus Osiris und dem Apis-Stier (im Nationalmuseum ist ein tolles Bildnis zu sehen).

In den Höhlen unter dem Areal wurden in Nischen wertvolle Schriftrollen aufbewahrt, nachdem die antike Große Bibliothek 48 v. Chr. erstmals ein Raub der Flammen wurde.

■ Sh. Abou Mandour, tgl. 9–15 Uhr, 80 LE, erm. 40 LE

10 Katakomben von Kom el-Shoqafa
| Antike Gräber |

Die Katakomben (1.–2. Jh.) befinden sich nur knapp 600 m nördlich des Serapeums und gelten als die bedeutendsten Afrikas. Hier zeigt sich überdeutlich, wie stark der Einfluss der alten Götter Ägyptens auch auf die Bestattungszeremonien der Griechen, Römer und Romanisierten ausstrahlte. Über eine Wendeltreppe erreicht man die labyrinthartige zweistöckige Grabanlage. Das Beeindruckendste ist der Relief-Wandschmuck, der altägyptische Gottheiten zeigt. Aber es finden sich auch eine Darstellung der Medusa mit Schlangen auf dem Haupt und – typisch römisch – Blumengirlanden. Achten Sie bei der Besichtigung auf Trittsicherheit, v.a. beim Überqueren wackeliger Holzplanken, die über Schächte mit Grundwasser führen.

■ Sh. al-Naseriya, tgl. 8–16 Uhr, 80 LE, erm. 40 LE

11 Königliches Schmuckmuseum
| Museum |

Unweit der sehenswerten Stanley Bridge, einem Wahrzeichen Alexand-

ADAC *Mittendrin*

> Frühaufsteher, die sich in das Getümmel stürzen, das auf dem **Fischmarkt von Anfoushi** (Plan S. 21 b1) herrscht, wenn nach Sonnenaufgang die bunten Fischerboote im kleinen Hafen vor der Qaitbay-Zitadelle den fangfrischen Lohn ihrer nächtlichen Arbeit anlanden, werden um eine unbezahlbare Erinnerung reicher sein. Lauthals preisen die Fischer ihre Ware an, um die heftig, aber stets respektvoll, gefeilscht wird. Ab acht Uhr morgens geht es spätestens los.

Alexandria (Al-Iskandariyya)

rias im Herzen des einst mondänen Villenviertels der Engländer, werden in einem prächtigen Palast von Prinzessin Fatima al-Zahraa (1919 fertiggestellt) auf über 4100 m² mehr als 11 000 kostbare Objekte aus dem einstigen Besitz des ägyptischen Königshauses gezeigt.

■ Qasr al-Amrah Fatima, Sh. Ahmed Yehia Pasha 27, tgl. 9–16 Uhr, 100 LE, erm. 50 LE, Fotogenehmigung 20 LE

⑫ Montaza-Palast
| Palast |

Der Königspalast (Qasr al-Montaza) wurde 1923–28 noch unter Fu'ad I. (1868–1939) im türkischen und florentinischen Mischstil errichtet. Genutzt hat ihn jedoch in erster Linie sein Nachfolger Faruq I. Das Bauwerk ist leider nur von außen zu bestaunen, aber es lohnt sich, durch die weitläufigen, gepflegten Parkanlagen zu flanieren. Östlich schließt der saubere Sandstrand von Maamoura an.

■ Sh. al-Mandarah Bahri, Qism (Stadtteil) el-Montaza, tgl. 8–21 Uhr, 25 LE, Parkplatz 25 LE

Gefällt Ihnen das?

Sehnen Sie sich nach mehr Blütenpracht und Grün im Wüstenland? Dann sind Sie nicht nur im Garten des Montaza-Palasts richtig, sondern auch in den herrlichen Parkanlagen des **Al-Manial-Palasts** (S. 43), im **Al-Azhar-Park** (S. 53) in Kairo und im **Orman-Garten** in Gizeh (S. 57).

Parken

Vor der St.-Katharinen-Kathedrale (Sh. al Kaad Gohar, Plan S. 21 b2) ist ein kostenpflichtiger, bewachter Parkplatz, ideal für einen Zentrumsbummel. Verhandeln Sie – mehr als 3–5 LE pro Stunde zahlt auch kein Ägypter.

ADAC Spartipp

Die täglich zahlreichen **Zugverbindungen zwischen Alexandria und Kairo** vom oder zum Hauptbahnhof (Mahattat Misr) sind bequem, schnell und günstig (2–3 Std. Fahrtzeit, 1. Klasse rd. 50 LE, 2. Kl. rd. 25 LE). Tickets erhalten Sie am Schalter, die Fahrkartenautomaten funktionieren manchmal auch.
enr.gov.eg

🍴 Restaurants

€ | **Gomhorya** Gönnen Sie sich Streetfood zum Mitnehmen zu ausgesprochen günstigen Preisen: Famose Falafel oder Foul-Bohnenpaste – das beliebteste Frühstück der Ägypter! –, geschmorte Leber, Niere oder auch orientalisch gewürzte Würstchen im Fladenbrot. Lokale Spezialitäten fast zum Nulltarif (1,50–3 LE pro Stück). Hier stehen die Einheimischen geduldig Schlange! ■ Midan at-Tahrir, tgl. 9–23 Uhr, Plan S. 21 b2

€€–€€€ | **Club Nautique Hellenique** Es wirkt zwar, als sei der Club exklusiv für die griechische Gemeinde, doch dürfen hier im 3. Stock im White and Blue Restaurant auch internationale Gäste die exquisiten Fischgerichte und die große Auswahl an perfekt gekochten Meeresfrüchten goutieren. Den Traumblick bekommt man gratis dazu! Preislich für Ägypten zwar gehoben, aber immer noch erschwinglich. ■ Sh. Qaitbay, Tel. 03/480 26 90, tgl. 12–22.30 Uhr,

Alexandria (Al-Iskandariyya)

ab Mittag durchgehend warme Küche, Reservierung Pflicht, Plan S. 21 c3

 Cafés

Amerit Palace An der Bucht vor der Corniche mit kleinem Sandstrand hört man die Brandung, während man einen ausgezeichneten türkischen Kaffee oder Tee genießt. ■ Corniche, Tel. 01 22/944 25 71, tgl. 12–23 Uhr, Plan S. 21 b2

 Einkaufen

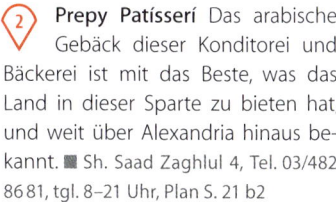 **Prepy Patísserí** Das arabische Gebäck dieser Konditorei und Bäckerei ist mit das Beste, was das Land in dieser Sparte zu bieten hat, und weit über Alexandria hinaus bekannt. ■ Sh. Saad Zaghlul 4, Tel. 03/482 86 81, tgl. 8–21 Uhr, Plan S. 21 b2

 Kneipen, Bars und Clubs

Sky Roof Windsor Palace Moderne Dachterrassenbar hoch über der Corniche auf der Terrasse im 7. Stock des Windsor-Palace-Hotels von 1906. Nicht zu verfehlen, auch wegen der bunten nächtlichen Beleuchtung an der Corniche. ■ Sh. el-Shohada 17, Tel. 03/480 82 56, tgl. 8–2 Uhr, Plan S. 21 b2

 Kinder

Kouta Park Der größte Vergnügungspark hinter dem Maamoura-Strand ist preiswert und hat bestechenden Retro-Charme. Die Attraktionen, auch wenn nicht mehr die neuesten, sind stets gut gewartet. ■ Sh. Malak Hifni, Ecke Sh. el-Zahraa, tgl. 9–24 Uhr, Eintritt 40 LE, erm. 20 LE, Attraktionen 15–35 LE, Plan S. 21 nordöstl. c2

Ägyptens Könige legten prachtvolle Gärten wie den des Montaza-Palasts an

Abu Mena

 Das Grab des Heiligen Menas war bereits im 4. Jh. eine Pilgerstätte

Information

■ TOI beim Kloster, Mar Mina Rd. 9, Borg el-Arab, Tel. 03/459 34 01, www.stmina-monastery.org, geöffnet wie das Kloster

Das berühmte Abu Mena (arab. Deir Abu Mina) liegt rund 45 km südwestlich von Alexandria und ist heute mit einem modernen koptisch-christlichen Kloster (20. Jh.) nach wie vor einer der bedeutendsten Wallfahrtsorte Ägyptens. Benannt ist es nach dem Heiligen Menas. Der Überlieferung nach war er ein ägyptischer Soldat (wohl eher römischer Legionär), der zum christlichen Glauben bekehrt wurde und im 3. Jh. unter der Christenverfolgung des römischen Kaisers Diokletian in Phrygien, heute in der Zentraltürkei, den Märtyrertod starb. In der lebensfeindlichen Mariut-Wüste bei Borg al-Arab wollte oder konnte das Kamel, das den Leichnam des Heiligen trug, nicht mehr weiter. So liegt er hier begraben. Da sein Grab und seine Reliquien unzählige Wunder bewirkt haben sollen, war bereits vor 1500 Jahren eine florierende Pilgerstadt entstanden. Die überaus sehenswerten Ruinen des spätantiken Klosters (5. Jh.) mit zahlreichen Kirchen und einer sie umgebenden Stadt lassen mit viel Fantasie erahnen, dass es sich seinerzeit auch um ein Wirtschaftswunder gehandelt haben muss. Die Bauten wurden aber bereits mit der arabischen Eroberung im 7. Jh. schwer beschädigt und spätestens im 10./11. Jh. aufgegeben. Erst 1905 entdeckte sie ein deutscher Archäologe wieder.

Seit 1979 zählt die Klosteranlage zum UNESCO-Weltkulturerbe. Immerhin handelt es sich um »das Lourdes Afrikas«. Sie steht jedoch auf der Roten Liste der gefährdeten Stätten. Die Krypta des Menas ist derzeit nicht zugänglich. Steigendes Grundwasser lässt die Fundamente absinken, die

Seit dem 4. Jh. ist Abu Mena ein bedeutender Wallfahrtsort

Im Blickpunkt

Das koptische Christentum in Ägypten

Die Kopten sind eine der ältesten christlichen Gemeinden und sehen sich als Nachfahren der alten Ägypter. Seit der Ankunft des Apostels Markus in Alexandria (um 42 n. Chr.) fasste die neue Religion im Land am Nil Fuß. Die koptische Sprache entstand im 3. Jh., ist aber heute abseits der Liturgie nicht mehr in Verwendung. In den frühen Jahrhunderten wurden die koptischen Christen oft von Römern und Ägyptern, die an alten Glaubensvorstellungen festhielten, verfolgt. Vor der Eroberung durch die Araber und den Islam drehten sie mitunter den Spieß um: »Heiden« wurden ermordet, »Götzenbildnisse« der alten Ägypter an vielen Tempelanlagen herausgemeißelt und zerstört. Die Spaltung der altchristlichen Kirchen vollzog sich schließlich nach dem Konzil von Chalcedon 451. Ab dem 7. Jh. und unter muslimischen Kalifen und Sultanen war eine Sondersteuer fällig, wenn die Kopten nicht ihrem Glauben abschworen, wie es auch in anderen eroberten Gebieten Usus war.

Die koptische Kirche umfasst heute je nach Quellenlage 8–10 % der ägyptischen Bevölkerung. Der koptisch-orthodoxe Papst und Patriarch von Alexandrien ist seit 2012 Tawadros II. (der 118. Nachfolger von Markus).

In den vergangenen Jahren waren koptische Kirchen, Klöster und Pilgergruppen wiederholt Ziele von Anschlägen radikal-islamistischer Terrorgruppen und regelrechter Massaker, die insbesondere an hohen Festtagen stattfanden. Staatspräsident Abd al-Fattah as-Sisi verstärkte daraufhin den Schutz der Kopten. Militär- und Geheimpolizei bewachen nun Kirchen landesweit.

---

verbliebenen Mauern lassen sich oft nur behelfsmäßig stützen.

■ Kloster tgl. 8–17, im Winter 16 Uhr, in der Fastenzeit vor Ostern geschlossen, die Ruinen (1 km südl.) kann man dennoch besichtigen, Eintritt frei, Spenden sind hochwillkommen

3 El-Alamein

Wo sich im Zweiten Weltkrieg Schlachten zutrugen, relaxen heute Urlauber

Rund 110 km westlich von Alexandria, nach einer knapp zweistündigen Fahrt zwischen der Wüste und dem strahlend blauen Mittelmeer, ist El-Alamein erreicht, ein moderner Urlaubsort mit allen Annehmlichkeiten. Wären nicht zahlreiche Soldatenfriedhöfe landeinwärts, könnte man fast vergessen, dass hier 1942 zwei der blutigsten Schlachten des Zweiten Weltkriegs zwischen den Achsenmächten und den Alliierten stattfanden.

 Sehenswert

Marina el-Alamein
| Badeort |

Um die künstlich angelegte Bucht mit zahlreichen Inseln, Kanälen, Lagunen und Salzwasserseen findet sich alles, was ein Strandurlauber zu seinem Glück braucht: Restaurants, Cafés, Bars und Nachtclubs, Apartments, Villen,

El-Alamein

Hier ruhen in den Panzerschlachten des Zweiten Weltkriegs bei El-Alamein Gefallene

Resorthotels, Traumstrände. Das einzige, was in der Hochsaison wohl etwas zu kurz kommt, ist – abhängig vom Resort – die Ruhe.

Deutscher Soldatenfriedhof
| Friedhof |

Der Stauferburg Castel del Monte bei Bari in Süditalien nachempfunden, aus ägyptischem Kalksandstein achteckig erbaut und 1959 eingeweiht, ruhen in der Gruft die Gebeine von über 4200 namentlich bekannten und daher in Stein gravierten deutschen Wehrmachtsoldaten, die in den zwei Panzerschlachten von El-Alamein 1942 gefallen waren. Das Museum zum Zweiten Weltkrieg (auch in deutscher Sprache) lohnt einen Besuch.

Bei KM 114 von Alexandria kommend nach Norden abzweigen. Bei KM 105 befindet sich der Soldatenfriedhof des Commonwealth, bei KM 119 der Italienische Soldatenfriedhof.

■ Alle Gedenkstätten tgl. 8–17, im Ramadan 9–16 Uhr, Museum Sa–Do 9–16 Uhr, 100 LE, erm. 50 LE

Restaurants

€€–€€€ | **Halaket El Samak** Direkt am Meer im Jachthafen hat man die Qual der Wahl: fangfrischer Fisch, Calamari oder Gambas mit Zitronenbuttersoße? Dazu ein herrlicher Panoramablick, insbesondere zum Sonnenuntergang.
■ Sh. Marina 3, Tel. 046/445 27 16, in der Saison tgl. 12–23 Uhr

In der Umgebung

Sidi Abd el-Rahman
| Badeort |

Das Küstendorf, etwa 30 km westlich von El-Alamein, ist berühmt für seine weitläufigen Sandstrände und die modernen Resort-Hotels, die mit öffentlich gestützten Infrastrukturprojekten und Geld aus den Golf-Emiraten seit 2015 entstehen. Vor Ort finden sich zahlreiche Cafés, Restaurants und Beach-Clubs, wo man Liegen und Sonnenschirme mieten kann.

Marsa Matruh

An Ägyptens schönsten Mittelmeerstränden kommt Karibik-Feeling auf

Information

■ Im Gouvernementsgebäude, Sh. Iskandariyya, Tel. 046/493 18 41, tgl. 9–14 Uhr

Einst »Amunia« genannt, wegen eines dem Gott Amun gewidmeten Tempelkomplexes, frequentierte auch Alexander der Große den Küstenort (332/331 v. Chr.), der langsam, aber sicher von Touristen entdeckt wird. Sukzessive wurden und werden Resorthotels mit hohem Standard errichtet. Charterflüge und Egyptair (von Kairo) bedienen den Flughafen der knapp 70 000 Einwohner zählenden, von Traumstränden umgebenen Stadt.

Sehenswert

El-Gharam
| Strand |

Auf einer Landzunge vor dem Stadtzentrum erstreckt sich der lange Sandstrand, der die gleichnamige Bucht hufeisenförmig umrahmt, mit Infrastruktur, Cafés, Restaurants und Hotels bzw. Resorts. Bereits an der Zufahrt kommt man am berühmten »Kleopatra-Bad« mit seinen markanten Felsformationen vorbei. Hier sollen die letzte Pharaonin und ihr Liebhaber, Marcus Antonius, mehr als ein romantisches Bad genossen haben.

In der Umgebung

Agiba
| Strand |

Diese zauberhafte Bucht mit kristallklarem, türkisblauem Wasser ist umgeben von schroffen Felsen, die das Mittelmeer augenscheinlich umarmen. Zweifelsohne ist es einer der schönsten Orte am ägyptischen Mittelmeer. Leider ist der Strand zur Hochsaison im Sommer überfüllt. Dafür ist er zur Nebensaison ab Oktober und insbesondere im Winter ein einsamer Traum.

■ 24 km westl. von Marsa Matruh an der Küstenstraße, etwa 3 km nach Carol's Beau Rivage Resort zweigt auf Höhe eines kleinen Supermarkts zur Linken rechts die Straße ab

Oase Siwa

Die abgelegenste Oase Ägyptens ist ein riesiges natürliches Spa

Information

■ An der Ecke direkt bei der Busstation an der Marsa Matruh–Siwa Rd., www.siwaoasis.com, Sa–Do 8–14, Fr 18–20 Uhr

Bis ins 18. Jh. betrat kein Europäer die Oase, die in einer Senke etwa 17 bis 22 m unter dem Meeresspiegel liegt und seit der Antike ein überaus wichtiges Heiligtum beherbergt: den Amun-Tempel und das Amun-Orakel (S. 30), das Alexander den Großen 331 v. Chr. zum Pharao Ägyptens werden ließ.

Siwa ist wegen seiner abgeschiedenen Lage die einzige Berber-Enklave des Landes, was sich in Sprache und Lebensart zeigt. Insbesondere der Silberschmuck, Armreifen, Ringe oder

Ohrringe, sind heiß begehrte Souvenirs. Die Basis für den Wohlstand der Oase liefern seit Jahrtausenden über 600 000 Dattelpalmen.

Sehenswert

Shali
| Ruinen |
Aus Salzlehm bauten die Bewohner die einstige islamische Altstadt von Siwa, Shali genannt, die Schätzungen zufolge bis zu 5000 Menschen Platz bot. Festungsgleich von dicken Mauern umsäumt, erhebt sie sich bis in etwa 60 m Höhe. Aktuell wird kontinuierlich an der Renovierung einzelner Bauten gearbeitet, wobei es eher darum geht, weitere Einstürze zu verhindern. Deutlich erkennbar ist noch das Minarett der Moschee. Der Ausblick vom Gipfel ist schlichtweg atemberaubend. Passen Sie bei der Besichtigung auf, wohin Sie treten.

Das Siwa-Haus (So–Do 9–15 Uhr) neben der Großen Moschee beherbergt ein kleines Berber-Museum.

Berg der Toten
| Antike Felsengräber |
Auf der Anhöhe Dschebel al-Mauta, die mit »Mountain of Dead« ausgeschildert ist, finden sich zahlreiche Gräber, von der 26. Dynastie sowie der ptolemäischen und römischen Herrschaftsperiode. Der Aufstieg ist einfach, doch meiden Sie die Mittagshitze! Bis zu vier Gräber werden von Aufsehern für Besucher aufgeschlossen. Die Wandmalereien im Niperpathot-Grab wirken, als wären sie erst gestern fertiggestellt worden. Die Aussicht über Siwa ist unvergesslich.

■ Von der Matruh–Siwa Rd. nimmt man vom Zentrum kommend eine Abzweigung Richtung Osten, Sa–Do 8–17 Uhr, 100 LE, erm. 50 LE, Kombiticket mit dem Amun-Orakel

Orakel des Amun
| Altägyptischer Tempel |
Östlich von Siwa im längst verlassenen Dorf Aghurmi befindet sich auf einer Anhöhe das wichtigste antike Heiligtum von Siwa. Die Anlage soll um 470 v. Chr. errichtet worden sein. Der Tempel und das Allerheiligste sind noch am besten erhalten, so erkennt man zahlreiche Hieroglyphen und Reliefs an den geschwärzten Wänden.

An diesem Ort entschied sich die Weltgeschichte mit, als Alexander der Große 331 v. Chr. mit seinem Heer Siwa erreichte und den Tempel wegen seines Orakels besuchte, freilich nicht ohne Hintergedanken. Hier erhielt er den Titel »Sohn des Ra«, unabdingbares Attribut, um Pharao von Ägypten zu werden. Zudem soll der große Feldherr auf die Frage »Werde ich die Welt beherrschen?« eine durchaus treffliche Antwort erhalten haben: »Ja, aber nicht für lange Zeit.«

■ Eine asphaltierte Straße führt über rd. 2,5 km zum Ziel, vorbei am Siwa Safari Garden Hotel, Sa–Do 8–17 Uhr, 100 LE, erm. 50 LE, für das Kombiticket mit dem »Berg der Toten«, Fr ist der Ticketschalter nicht besetzt, man kann die Anlage aber trotzdem (kostenlos) besichtigen

ADAC Mobil

Dreiräder, **Tricycles**, ersetzen in Siwa die Taxis und sind ein ideales Fortbewegungsmittel. Kurze Strecken (30–45 Min.) sollten nicht mehr als 50 LE kosten, eine drei- bis vierstündige Tour etwa 150–200 LE.

Oase Siwa

Die Salzlehmruinen von Alt-Siwa kennen Videospielfans aus »Assasin's Creed«

Kleopatra-Quelle
| Quelle |

Türkisblau ist das Wasser der Kleopatra-Quelle (Aïyun Kliupatra) und im gemauerten Becken, in dem sich angeblich auch die letzte Königin des alten Ägypten erfrischt haben soll. Das »Kleopatra-Bad« wird mit sauberem Mineralwasser gespeist, ist aber sehr tief. Die beste Zeit für ein Bad ist der Freitagnachmittag, wenn die strenggläubigen Bewohner von Siwa allesamt zum Gebet in den Moscheen sind.

■ Eine asphaltierte Straße führt vom Amun-Tempel Richtung Süden, das Bad ist kostenlos, umkleiden kann man sich in den Sanitäreinrichtungen des Cleopatra Spring Coffee Shop

Salzseen
| Seen |

Die Oasenstadt ist umgeben von einigen, großen Salzseen. Es lohnt sich, sich hier mit Wüstenblick ganz entspannt treiben zu lassen.

 Cafés

Cleopatra Spring Coffee Shop In den schattigen Beduinenzelten unter Dattelpalmen gibt es köstlichen türkischen Kaffee, frische Fruchtsäfte und Dattel-Milchshakes. ■ Tgl. 9–21 Uhr

 Erlebnisse

Wüstensafari Mit einem Geländewagen und Führer in die »Große Sandsee« zu fahren, ist ein unvergessliches Erlebnis. Die Sanddünen der Sahara erstrecken sich hier über 650 km Länge und etwa 300 km Breite. Die Tour führt zu einem kristallklaren Wüstensee, wo man ein Bad nehmen kann, und zu einer heißen Schwefelquelle unter Dattelpalmen sowie einem

Fossilienfeld, wo man erkennen kann, woraus der Sahara-Sand teils besteht: Muscheln und Meeresgetier, das hier vor Jahrmillionen das seichte Meer bevölkerte. Den Ausklang bildet eine Teezeremonie. ■ Ab 750 LE (für max. 4–5 Pers.), 145 LE p.P. u. Passkopie für die Genehmigung des Militärs, die für Wüstenexpeditionen Voraussetzung ist, Wüstentour einen Tag vorher anmelden!

6 Damiette

Typisch ägyptische Stadt mit einer bewegten Geschichte

Damiette (Dumyat) war als Etappenziel der Kreuzfahrer des 12. und 13. Jh. das erste Bollwerk, das es gegen das Sultanat der Ayyubiden zu knacken galt. Selbst der Heilige Franz von Assisi schloss sich dem Fünften Kreuzzug, dem »von Damiette«, an. Bevor es an die schönen Strände von Ras el-Bar geht, bietet sich ein Abstecher ins Zentrum an.

 Sehenswert

Moschee des 'Amr ibn al-'As
| Moschee |

Die zweitälteste Moschee Ägyptens und damit Afrikas wurde bereits 642–43 errichtet, zwei Jahre nach der namensgleichen in Kairo (S. 48). Doch ist vom Original nur noch das Minarett erhalten. Die zweimal von den Kreuzrittern zur Kirche umgewidmete Moschee wurde letztmalig 1249 neu errichtet. Mamluken und Osmanen erweiterten den Moscheebau, der mit allen Finessen der islamischen Architektur besticht.

■ Sh. al-Gabana, von Sonnenauf- bis Sonnenuntergang, Spende erwünscht

 In der Umgebung

Ras el-Bar
| Strand |

Am westlichen Nilarm bei Damiette, etwa 240 km östlich von Alexandria, liegt an der Mündung des Stroms

Abendstimmung an der Corniche von Damiette nahe der Nilmündung

Im Blickpunkt

Lebensader Nil

Der Nil ist seit Menschengedenken die Lebensader Ägyptens. Der längste Strom der Welt diente den alten Ägyptern mit dem Einsetzen der Nilschwemme als Kalender und Basis der Zeitrechnung. Vor Jahrtausenden signalisierte dabei der Stern Sirius am frühmorgendlichen Firmament das Einsetzen der Nilschwemme, die laut Herodot um den 22./23. Juni, die Sommersonnenwende, fiel. Das mit nährstoffreichen Sedimenten angereicherte Nilwasser überschwemmte die Felder und erlaubte ertragreiche Ernten. Sogenannte Nilometer aus jener Zeit dienten entlang seinem Lauf der Messung des Wasserstands und bildeten dabei die Grundlage für die Besteuerung. Auch für den Handel, den Transport von Menschen und, mehr noch, tonnenschweren Granitblöcken aus Assuan für den Bau der Monumentaltempel und Pyramiden war der Nil unerlässlich. Im Delta wuchs zudem der Rohstoff für schriftliche Zeugnisse, der Papyrus, der heute nur noch für Souvenirs in kleinen Manufakturen und auf Feldern angebaut wird. Die Nilfische, primär Barben, sind eine geschätzte Spezialität, Nilpferde indes sind in Ägypten schon lange ausgestorben. Die riesigen Nilkrokodile leben nur noch oberhalb des Assuan-Staudamms in Oberägypten.

einer der schönsten Mittelmeerstrände Ägyptens, just beim Urlaubsort Ras el-Bar. Die Gegend ist ein Paradies für Zug- und Seevögel aller Art. Auch Delfine können hier beobachtet werden.

Al-Mansura

Weiter als bis hier kam kaum ein Kreuzritter und Ludwig IX. nur als Gefangener

 Information

■ Dependance des Ministeriums für Antiquitäten (MFA), Sh. el-Gaish, neben der Filiale von Egypt Air, So–Do 9–14 Uhr

Vor der historischen »siegreichen« Stadt scheiterte der sechste Kreuzzug 1250 fulminant, innerhalb der einstigen Mauern endete fast zeitgleich die Ayyubiden-Dynastie. Das Zentrum lädt zu Streifzügen durch bunte Souks und mittelalterliche Gässchen ein, vorbei an prächtiger Kolonialarchitektur und alten, erhabenen Moscheen.

 Sehenswert

Haus des Ibn Luqman
| Museum |

Im Dar ibn Luqman (13. Jh.) war Frankreichs König Ludwig IX., »der Heilige«, nach dem Scheitern seines Kreuzzugs 1250 einen Monat in Gefangenschaft. Vis-à-vis im Neubau ist das kleine, feine Nationalmuseum von Al-Mansura untergebracht. In einem einzigen, modernen Ausstellungsraum werden neben dem Helm des Franzosen-Königs Waffen der Ära der Kreuzzüge und Ölgemälde der Schlachten gezeigt.

■ Sh. Port Said, Di–So 8–18 Uhr, 20 LE, erm. 10 LE

7 Al-Mansura

Das Freilichtmuseum von Tanis birgt auch herrliche Pharaonengräber

Schinnawi-Palast
| Stadtpalast |
Der Palast (Qasr Muhammad Bey esch-Schinnawi), 1928 zum Höhepunkt der Kolonialzeit errichtet, wird nicht zu Unrecht als einer der schönsten Paläste im italienischen Stil außerhalb Italiens bezeichnet. In diesem Prachtbau befindet sich glücklicherweise der MFA-Antikendienst für islamische und koptische Denkmäler, daher kann man sein pompöses Inneres besichtigen.

■ Sh. Talaat Harb, Do–So 9–15 Uhr, Eintritt frei

 Restaurants

€–€€ | Haty el-Mohamdy Das bei Einheimischen zu Recht sehr beliebte Grillrestaurant bietet vorzügliche Kefta vom Kohlegrill und eine geschmorte Lammhaxe, die so zart ist, dass sie schon beim Anblick fast zergeht. Großer, lebendiger Gastgarten. ■ Südlich der Scheich-Hassanin-Moschee, vom Kreisverkehr der Sh. Sekhet Sandub folgen, Ecke Sh. Hamad, Tel. 050/226 58 22, www.elmohamdy.com, tgl. 12–22 Uhr

8 Tanis

 Altägyptische Hauptstadt mit traumhaften Pharaonengräbern

Am östlichen Rand der Kleinstadt San el-Hagar el-Qibliya liegt eine der legendären Hauptstädte des alten Ägypten. Gemeinhin größte Berühmtheit erlangte die in den Wirren des Zweiten Weltkriegs gefundene antike Stätte dank Hollywood und dem berühmtesten Archäologen der Filmgeschichte, Indiana Jones. Im ersten Teil der Saga »Jäger des verlorenen Schatzes« strahlt das von einer Amulett-Linse gebündelte Sonnenlicht auf den vermeintlichen Standort der mythischen Bundeslade.

Was der französische Ägyptologe Pierre Montet just zwischen 1939 und 1946 (und eben daher von der Weltöffentlichkeit kaum wahrgenommen) entdeckte, lohnt einen Besuch: Drei der wichtigsten Pharaonengräber, von Psusennes I., Osorkon II. und Scheschonq III. (21.–22. Dynastie, um 1040–900 v. Chr., 3. Zwischenzeit), und eine Fülle an Statuen, Tempelruinen, Obelisken und Stelen sind seit Ende 2018 Teil eines modernen Freilichtmuseums. Spät ist das »Luxor des Nordens« nun auch zur Belebung der lokalen Wirtschaft touristisch erschlossen.

■ Tgl. 9–17, im Winter bis 16 Uhr, 25 LE

9 Zagazig

Im antiken Bubastis wurden Katzen gottgleich verehrt

Das knapp 400 000 Einwohner zählende Zagazig ist nicht nur eine bedeutende Universitätsstadt: In der Antike lag hier die altägyptische Hauptstadt Tell Basta, bekannter unter dem griechischen Namen Bubastis, das Zentrum der Bubastiden-Dynastie (22.) um 1290–713 v. Chr. Doch bereits in der frühdynastischen Epoche, rd. 3000 v. Chr., war der Ort bedeutend. Der Vater der Geschichtsschreibung, Herodot, beschrieb bereits im 5. Jh. v.Chr. in seinen »Historien« den Katzenkult der Göttin Bastet:

 Sehenswert

Tell Basta
| Nekropole |

Auch wenn vom einst wichtigen Heiligtum der Göttin mit dem Katzenantlitz, dem Bastet-Tempel (180 m lang und 55 m breit), nur noch Trümmer übrig sind, besticht die immense Anlage des Freilichtmuseums mit einer Vielzahl von Statuen, darunter die des omnipräsenten Ramses II., und natürlich Bildnissen von Katzen. Statuen der heilig-kuscheligen Vierbeiner sind auch im kleinen Museum ausgestellt. Auch einer der größten Friedhöfe für die den alten Ägyptern heiligen Tiere befand sich hier.

■ Zugang an der Sh. Mostafa Kamil, Ecke Sh. Bilbey, Infos der Universität Würzburg: www.gitta-warnemuende.de/tellbasta/project.htm, tgl. 9–17, im Winter bis 16 Uhr, 60 LE, erm. 30 LE

10 Wadi an-Natrun

In der Salzwüste liegen sehenswerte koptisch-christliche Klöster verstreut

Die Salzwüste hatte bereits zur Zeit der Pharaonen große Wichtigkeit, weil hier das für die Mumifizierung unabdingbare Natronsalz gefördert wurde. Durch die tiefe Lage, teils unter dem Meeresspiegel, bildet Grundwasser über ein Dutzend kleine Lachen und Salzseen, in denen sich das Umland und der Himmel spiegeln. Die Sketische oder Nitrische Wüste bot bereits

ADAC *Wussten Sie schon?*

Der **Bastet-Kult** verehrte die gleichnamige Göttin, die im Alten Reich noch mit Katzengesicht, später als sitzende Katze dargestellt wurde. Sie ist eine Tochter des Sonnengottes Re und galt als Göttin der Liebe und Fruchtbarkeit und als Schutzpatronin der Schwangeren.

10 Wadi an-Natrun

Koptische Mönche beim Gottesdienst im Bischoi-Kloster im Wadi an-Natrun

im Frühchristentum ab etwa dem 4. Jh. Einsiedlermönchen und Asketen einen spirituellen Rückzugsort, primär um Christenverfolgungen zu entgehen. Die Wüstenklöster, die auf jene Ära zurückgehen, waren teils durchgehend von Gläubigen bewohnt. Schwere Unwetter haben sie 2015 stark in Mitleidenschaft gezogen. Mittlerweile sind die Schäden behoben, wertvolle Fresken wurden jedoch vielerorts zerstört. Äußerlich gleichen die Klöster Festungen, und das nicht ohne Grund: Im Laufe der Jahrhunderte verloren zahllose Mönche ihr Leben bei Beduinenüberfällen.

Das südlichste, älteste und wichtigste Kloster im Wadi an-Natrun ist das des Heiligen Makarios (Deir el-Anba Maqqar, www.stmacariusmonastery.org) mit der an Ikonen und Straußeneiern (Symbol des ewigen Lebens) reich dekorierten Kapelle der 49 Märtyrer, die bei einem Überfall von Wüstenkriegern 444 ermordet wurden. Relativ nahe beieinander liegen die drei weiteren Klöster, das des Borromäus, Deir el-Baramus, das »der Syrer«, Deir es-Suryan (www.st-mary-alsourian.com) mit einem 1600 Jahre alten Tamarindenbaum im Hof und der »Syrischen Pforte«, und das des Heiligen Pischoi, Deir el-Anba Bischoi (www.avabishoy.com). Die Mönche, die hier leben, bestreiten ihren Unterhalt mit der Herstellung von Käse, Oliven und Öl, getrockneten Feigen und anderen landwirtschaftlichen Produkten, die sie auch in Kairo vermarkten.

■ Alle vier Klöster liegen an der mautpflichtigen 75 Alexandria–Cairo–Desert Rd., etwa auf halber Strecke, auf der Höhe von Sadat City, finden Sie die ausgeschilderten Abzweigungen, tgl. 9–15 Uhr (außer Fastenzeit vor Ostern), Voranmeldung im Sankt-Makarios-Kloster erforderlich

Übernachten

Alexandria bietet eine große Bandbreite an Unterkünften, von preiswerten und sauberen Stadthotels im Zentrum bis zu erschwinglichen Luxushotels mit Privatstränden. Richtung El-Alamein und Marsa Matruh gibt es familienfreundliche Strandresorts, während Siwa mit Eco-Lodges und Wüstencamps lockt. In touristisch weniger erschlossenen Städten dominiert »ägyptischer Standard«: überaus günstig, aber mit Abstrichen in puncto Sauberkeit und Service.

Alexandria 18

€ | Alexotel Alexander the Great Zentrale, aber ruhige Lage, überaus preiswert, sauber, gutes Frühstück ◼ 5 Sh. Oskofia, 21519 Alexandria, Tel. 03/487 21 41, Mobil: 01 22/560 34 76, www.alexotel.com

€€ | Paradise Inn Windsor Palace Hotel Altehrwürdiges Hotel aus dem 19. Jh., herrlicher Blick auf die Hafenbucht. Große, imperial eingerichtete Zimmer, Roof-Top-Bar u. -Restaurant. Die Ausstattung ist teils in die Jahre gekommen. ◼ Sh. el-Shohada, Ecke Corniche, bei der Raml-Tramway-Station, 21111 Alexandria, Tel. 03/480 87 00, www.paradiseinnegypt.com

€€–€€€ | Sheraton Montazah Hotel In unmittelbarer Nachbarschaft zum Montaza-Palast, toller Dachterrassen-Pool mit Panoramablick, 1980er-Betonbau, schöner Privatstrand. ◼ Sh. el-Gaish 830, Corniche, 21638 Alexandria, Tel. 03/548 05 50, www.marriott.com

Marsa Matruh 29

€€–€€€ | Carols Beau Rivage Matruh Resort Ein bisschen in die Jahre gekommen, aber renoviert und in Top-Lage, mit eigenem Traumstrand, sehr hilfsbereite Belegschaft, unweit des Agiba-Strands. ◼ El-Obayed-Bucht, Agiba Rd., 51511 Marsa Matruh, Tel. 046/485 10 00, Mobil: 01 02/777 07 33, www.carolsbeaurivage.com

⑤ **€€–€€€ | Jaz Almaza Beach Resort** Karibik-Feeling am Mittelmeer. Der private Hotelstrand ist paradiesisch, sanft abfallend, ideal für Familien mit kleinen Kindern. Die bislang beste Adresse am ägyptischen Mittelmeer. Und in der Nebensaison hat man all das fast für sich alleine! ◼ 34 km östlich von Marsa Matruh, an der Al-Maza-Bucht, 51511 Marsa Matruh, Tel. 046/436 00 00, www.jazhotels.com

Siwa 29

€–€€ | Albabenshal Hotel Preiswerte Unterkunft an der Pforte zu Alt-Siwa, in einem renovierten Salzlehmbau. Große Zimmer, stilecht mit dem Notwendigsten eingerichtet, überaus herzlicher Service. ◼ Midan al-Souk, 11531 Siwa, Tel. 046/460 14 99

€–€€ | Siwa Relax Retreat Adults only Typische Salzlehm-Architektur für die Bungalows direkt am Salzsee. Kein Strom, wunderbare Massagen. Das Frühstück aus lokalen Produkten ist nicht zu toppen! ◼ Sh. Maraki, am westl. Salzsee, 11531 Siwa, Tel. 01 28/000 02 74, E-Mail: aysiwa@gmail.com

Von Kairo und Gizeh südwärts durch das Niltal

Islamische Prachtbauten und das koptische Viertel in Kairo, die Pyramiden von Gizeh, altägyptische Tempel und antike Oasen

Kairo, die »Mutter der Welt«, beherbergt in ihrer modernen Downtown herrliche Paläste und Museen, die mit den Schätzen altägyptischer, islamischer, koptischer, aber auch moderner Kunst aufwarten. In der muslimischen Altstadt locken Dutzende Moscheen und Medersen, allesamt Meisterwerke islamischer Architektur, aber auch Ausblicke von der Zitadelle oder dem fast 190 m hohen Fernsehturm über den endlos erscheinenden Ballungsraum. Jenseits des Nils liegt auf dem Gizeh-Plateau die berühmteste Nekropole Ägyptens, wo die Pyramiden Reisende seit mehr als vier Jahrtausenden überwältigen und die geheimnisvolle Sphinx Wache hält. Südlich folgen die Stufen- und Knick-Pyramiden von Sakkara und Dahschur. Entlang dem Nil, der Palmenhaine und Plantagen nährt, finden sich bei Abydos und Dendera spektakuläre Tempel. Um die drei seit der Antike besiedelten Oasen Bahariyya, Farafra und Al-Fayyum warten Naturwunder: Wasserfälle, das »Tal der Wale« und die Wüste.

In diesem Kapitel:

11	Kairo	40
12	Gizeh	55
13	Sakkara	58
14	Dahschur	60
15	Oase Bahariyya	61
16	Oase Farafra	63
17	Al-Fayyum	64
18	Tell el-Amarna	64
19	Sohag	65
20	Abydos	66
21	Dendera	67

Übernachten 69

ADAC Top Tipps:

3 Al-Mu'izz-Straße, Kairo
| Islamische Architektur |
Nirgendwo auf der Welt sind mehr Prachtbauten islamischer Architektur auf derart engem Raum vereint. 51

4 Pyramiden und Große Sphinx von Gizeh
| Altägyptische Grabanlagen |
Seit über 4600 Jahren wacht die rätselhafte Sphinx über das letzte erhaltene der sieben Weltwunder der Antike: die Monumentalgräber von Cheops, Chephren und Mykerinos. 56

 Weiße Wüste, Oase Farafra
| Kreidefelsformation |
Launische, in Jahrmillionen geschaffene kreideweiße Felsformationen, die Pilzen, Hühnern, Sphingen oder gar Menschen gleichen, in einer einzigartigen, teils an Gletscher erinnernden Wüstenlandschaft. 63

ADAC Empfehlungen:

 Sequoia, Kairo
| Restaurant |
Direkt am Nil wird ägyptische Tradition mit internationalen Einflüssen exquisit kombiniert. 46

 Al-Fustat, Kairo
| Historischer Stadtteil |
In Babylon, einer römischen Festung aus dem 1. Jh., fassten die ersten Christen Fuß. 47

 Saladin-Zitadelle, Kairo
| Festungsanlage |
Der mächtige Sultan errichtete die Festungsanlage zum Schutz vor Kreuzrittern. Von hier genießt man einen Traumblick auf Kairo. 50

 Chan el-Chalili, Kairo
| Basar |
Seit einem halben Jahrtausend überwältigt der Basar die Sinne. 53

 Sakkara
| Stufenpyramide |
Imhotep baute für den Pharao Djoser die erste Pyramide Ägyptens. 58

 Wadi al-Hitan, Al-Fayyum
| Fossilienfeld |
Vor 40 Mio. Jahren bevölkerten Urzeitwale den Tethys-Urozean. 64

 Totentempel von Sethos I., Abydos
| Altägyptischer Tempel |
Wo der Legende nach Osiris begraben wurde, ruhen Pharaonen. 66

11 Kairo (Al-Qahira)
Laute und charmant-chaotische Millionenmetropole

Von der Saladin-Zitadelle blickt man auf die Sultan-Hasan- und Ar-Rifai-Moschee

Information

■ TIO, Sh. Adly 5, beim Midan Opera (Metro Opera), tgl. 8.30–20 Uhr, im Ramadan schließt das Büro früher, Tel. 02/391 34 54, weitere TIO am Ramses-Bahnhof (Midan Ramsis), tgl. 8–20 Uhr, Cairo International Airport, tgl. 6.30–1.30 Uhr, und im Al-Manial-Palast, tgl. 8–15 Uhr, Tel. 02/531 55 87
■ Parken: siehe S. 54

Die über ein Jahrtausend alte Hauptstadt am Nil wird nicht umsonst »Mutter der Welt« (Oum al-Dunja) genannt. Gemeinsam mit Gizeh am anderen Nilufer und dem Einzugsgebiet bildet sie einen Ballungsraum, der etwa 22,5 Mio. Menschen beherbergt. Sie ist eine der größten Megacitys Afrikas und die größte Stadt der arabischen Welt. Kairo selbst hat rund 9,5 Mio. (2018) Einwohner, viele Gesichter und noch mehr Geschichte.

Von Kairos Vorgängerstädten, der altägyptischen Hauptstadt Memphis im Süden (Mit-Rahina, S. 60) und Heliopolis im Nordosten sind nur Ruinen erhalten. Um die Festung Babylon, ein römisches Militärlager aus dem 1. Jh., entstand das koptische Viertel mit einigen der ältesten Kirchen des Christentums. Der muslimische Eroberer und Gefährte des Propheten Moham-

Von der Downtown auf die Nilinseln | Kairo (Al-Qahira) 11

Plan
S. 44/45

ist das unentwegt pulsierende, moderne Herz der Weltstadt. Während die Nilinseln Roda und Gezira ruhige, grüne Oasen in der Großstadthektik sind.

Von der Downtown auf die Nilinseln

Das moderne Herz der Weltstadt und die ruhigen Oasen im Nil

Zentraler Ausgangspunkt, um das moderne Kairo zu erkunden, ist der Tahrir-Platz mit dem Ägyptischen Museum. Die Downtown beherbergt zudem den prunkvollen Abdeen-Palast und die geschäftigste Einkaufsstraße Talaat Harb. Auf der größeren Nilinsel Gezira befinden sich Kunstmuseen, die Oper und der Fernsehturm. Im Norden der Insel, im mondänen Stadtteil Zemalek, konzentrieren sich feine Restaurants am Flussufer, Kunstgalerien

med, 'Amr ibn al-'As (um 580–664), schlug hier sein Lager auf und gründete Al-Fustat. Er ließ die erste Moschee Afrikas errichten (S. 48).

Doch erst mit der islamischen Fatimiden-Dynastie und dem Kalifen Al-Mu'izz, der 969 »al-Qahira«, die »Siegreiche«, zur Hauptstadt des Kalifats machte, wurde Kairo bedeutend. Die islamischen Herrscher leiteten eine Blütephase ein, von der prachtvollste Bauwerke in der Al-Mu'izz-Straße zeugen. Unter den Minaretten zahlloser Moscheen in verzweigten Altstadtgassen erstrecken sich die schönsten Basare (Souks), wo sich die ganze Pracht des Orients entfaltet. Downtown Kairo

ADAC *Mobil*

Für 3 LE verbindet die **Metro Kairo** weite Teile des Ballungsraums, über Gizeh im Westen bis Helwan im Süden. Drei Linien hat die Metro aktuell, Linie 1 (blau, französische Linie genannt, gleicht einer S-Bahn), Linie 2 (rot) und Linie 3 (grün). Auch der Flughafen soll in den kommenden Jahren ans U-Bahn-Netz angeschlossen werden. Tickets erhält man am Schalter, ehe man die Sperre zum Bahnsteig passieren kann.
Tgl. 5–1, im Ramadan bis 2 Uhr, interaktive Metro-Karte: www.cairo metro.gov.eg

Kairo (Al-Qahira)

und Luxushotels. Auf der Insel Roda liegt eines der ältesten islamischen Bauwerke: der Nilometer aus der Ära des Umayyaden-Kalifats (8. Jh.).

Sehenswert

1 Tahrir-Platz
| Platz |

Unvergessen sind die Bilder des Arabischen Frühlings von 2011, die über Monate die Fernsehnachrichten beherrschten. Das ist Geschichte. Heute frequentieren nur noch Abertausende Pendler den Platz (Midan at-Tahrir) mit der wichtigsten Metro-Station von Downtown – und noch mehr hupende Autos. Von der mit mächtigen Löwenstatuen gesäumten Qasr-al-Nil-Brücke westwärts genießt man ein Traumpanorama vom überraschend blauen Nil und der Skyline. Hier treffen sich zum Sonnenuntergang Verliebte.

■ Metro Sadat L1, L2

ADAC *Spartipp*

Wer vorhat, viele Sehenswürdigkeiten von Kairo und Gizeh zu besichtigen, spart mit dem **Cairo Pass** erheblich. Er ist fünf Tage gültig und beinhaltet auch den Besuch zweier Pyramiden-Grabkammern. Wer auch Luxor besucht, erhält mit dem Luxor Pass (S. 73) nochmals 50 % Rabatt. Sie brauchen für die Ticketausstellung Ihren Reisepass und ein Passfoto.

90 €, erm. 45 €, erhältlich im Ministerium für Antiquitäten auf der Nilinsel Zemalek (3 Abd el Abu Bakr, Mo–Do 8–15 Uhr), der Saladin-Zitadelle, dem Ägyptischen Museum oder den Pyramiden von Gizeh

2 Ägyptisches Museum
| Archäologisches Museum |

Das seit 1902 im prachtvollen Neokolonialstilbau residierende Museum (Mathaf al-Masri) ist bis zur Eröffnung des Großen Ägyptischen Museum (GEM, S. 59) das weltweit größte Museum für altägyptische Kunst. Es gleicht wegen der immensen Fülle an Ausstellungsstücken einer Lagerhalle: Reich verzierte Sarkophage sind meterhoch aufeinandergetürmt, die Schaukästen sind übervoll mit Objekten, zahllose Statuen, Stelen und Büsten nebeneinander aufgereiht. Zumindest chronologisch ist es geordnet: von prähistorischen Feuersteinwerkzeugen und der prädynastischen Phase über das Alte, Mittlere und Neue Reich bis zur griechisch-ptolemäischen und römischen Ära, wenngleich Beschreibungen der Exponate meist fehlen. Zu den Highlights zählen die Funde aus dem Grab von Tutanchamun im Obergeschoss, darunter die Totenmaske des jugendlichen Pharaos aus 11 kg reinem Gold, seine vier goldenen Totenschreine, vergoldete Thron-Stühle, Betten und Streitwagen, ja selbst Nilbarken. Kurzum: alles, was der Pharao für das Leben in der Ewigkeit brauchte.

Nicht verpassen sollten Sie zudem gleich am Eingang im Raum 43 (Früh-Dynastik) die älteste Darstellung eines Pharaos, wie er mit der Keule einen Feind erschlägt. Der Abgebildete auf der Prunkpalette ist König Narmer (rd. 3000 v. Chr.), den manche Ägyptologen mit dem legendären Reichseiniger Menes gleichsetzen.

Aus dem Alten Reich gibt es eine Miniaturstatuette des Pharaos Cheops zu entdecken, das einzige Bildnis des in der größten Pyramide beigesetzten Herrschers. Aus dem Neuen Reich

Von der Downtown auf die Nilinseln | Kairo (Al-Qahira) 11

werden u. a. eine Sphinx der Hatschepsut (Raum 11) und das Relief ihrer Expedition ins sagenhafte Gold- und Weihrauchland Punt (Raum 12) präsentiert. Die Mumien (Zusatz- oder Kombiticket nötig!) von Ramses II., seinem Vater Sethos I. und weiteren Königen und Königinnen des Neuen Reichs sind im separaten Mumiensaal im Obergeschoss aufgebahrt.

■ Midan at-Tahrir, tgl. 9–17, letzter Einlass 16 Uhr, So–Do Nachtbesuche 17.30–21 Uhr, 120 LE, erm. 60 LE, bis 6 J. frei, Mumiensaal 150 LE, erm. 75 LE, Kombiticket 240 LE, erm. 120 LE, Nachttarif 180 LE, erm. 90 LE, Mumiensaal 225 LE, erm. 115 LE, Fotografie-Erlaubnis (betrifft auch Smartphones!) 50 LE, Video 300 LE, der Cairo Pass (S. 42) ist hier erhältlich, offizieller Guide (auch Deutsch) rd. 250 LE pro Std.

❸ Abdeen-Palast
| Königspalast |

Der neoklassizistische, französisch angehauchte Königspalast (Qasr Abdeen) braucht einen Vergleich mit europäischen Pendants nicht zu scheuen. Das in seinen Prunkräumen beherbergte Museum gibt Einblick in die bewegte Geschichte der vergangenen 200 Jahre Ägyptens und seiner Monarchie. Die gepflegten Gärten sind ein hochwillkommenes Grün in der Downtown.

■ Sh. Rahbet Abdin, Metro Mohammed Naguib, Sa–Do 9–15 Uhr, 100 LE, erm. 50 LE

❹ Cairo Tower
| Fernsehturm |

Einer Lotusblume gleich ragt das höchste Gebäude Kairos, der Borg al-Qahira, 187 m in den Himmel über der Großstadt. Ein Aufzug bringt einen

ADAC *Mobil*

Kairos Hauptbahnhof, der **Ramses-Bahnhof** (Mahattat Ramsis, Plan S. 44/45 nordöstl. c1), ist Ausgangspunkt für Zugfahrten nach Oberägypten, primär Luxor und Assuan, und nach Alexandria. Das im Bahnhof beheimatete Eisenbahnmuseum gibt einen ausgezeichneten Überblick über die Geschichte der Staatsbahn (Egyptian National Railways, ENR), die mit der Fertigstellung der Strecke Kairo–Alexandria bereits 1856 – die erste Bahnverbindung Afrikas und des Nahen Ostens – begann.

schnell in luftige Höhen zum unvergesslichen Ausblick.

■ Auf der Nilinsel Gezira, Stadtteil Zemalek, Zutritt und Zufahrt über die Sh. al-Borg, tgl. 9–1 Uhr, 180 LE, bis 6 J. frei

❺ Al-Manial-Palast
| Sultanspalast |

Der Bau, auch Prinz-Mohammed-Ali-Palast (Qasr al-Amir Muhammad Ali) genannt, vereint einen wunderbaren Stilmix aus europäischem Rokoko und Art nouveau mit osmanischen, persischen und maurischen Elementen. Die umliegenden, äußerst gepflegten Gärten laden zum Flanieren ein.

■ Sh. al-Saraya 1, Roda, tgl. 9–16 Uhr, 100 LE, erm. 50 LE

❻ Nilometer von Roda
| Islamische Architektur |

Das prachtvoll dekorierte Gebäude (Miqyas al-Nil) an der Südspitze der Insel Roda ist eines der ältesten islamischen Bauwerke der Stadt und geht auf das Kalifat der Umayyaden zurück (um 715/16). Es diente der Messung des

11 Kairo (Al-Qahira)

Plan I **Kairo (Al-Qahira)** 11

Kairo (Al-Qahira)

Die Hängende Kirche wurde über dem Südtor der Festung Babylon errichtet

Nilwasserstands und der Nilschwemme (S. 33), an die Steuereinnahmen geknüpft waren. Seine Kuppel gilt als früher Zenit islamischer Architektur. Vom benachbarten Manisterly-Palast (1850) ist nur noch der Männerpavillon erhalten.

■ Sh. al-Malik al-Salah, Nilometer inkl. Manisterly-Palast, tgl. 9–16 Uhr, 40 LE, erm. 20 LE

Restaurants

€ | Abou Tarek Koshary Dieser Imbiss hat nur eine Speise im Angebot: das rein vegetarische »kuschari«, Ägyptens Nationalgericht. Manche meinen, es sei das beste der Stadt, und das zum kleinsten Preis (20 LE): Kichererbsen, Linsen, Mini-Makkaroni, Tomatensoße, geröstete Zwiebel und frische Zitrone. Hier treffen sich alle, vom Bauarbeiter bis zum Bankier. Achtung: Die scharfe Soße ist wirklich sehr scharf! ■ Sh. Champollion, www.aboutarek.com, tgl. 11–24 Uhr, Plan S. 44/45 d1

€€ | Felfela Downtown und Take-Away 1959 eröffnete das »Paprika« als erstes vegetarisches Restaurant Kairos. Heute gibt es im urigen Ambiente auch vorzügliche Grillgerichte. Hübscher Gastgarten. ■ Sh. Hoda Scharawi 15, Ecke Sh. Talaat Harb, Tel. 023/392 27 51, www.felfelaegypt.com, Mo 10–24, Di–So 12–24 Uhr, Plan S. 44/45 d1

 €€–€€€ | Sequoia Am nördlichsten Zipfel der Nilinsel Gezira werden bei herrlichem Ausblick ägyptische Spezialitäten mit internationalem Touch zum Gaumenschmaus. Überaus romantisch ist es zum Sonnenuntergang oder nachts mit den Lichtern der Großstadt am Horizont. ■ Sh. Abu el-Feda 53, Zemalek, Tel. 022/735 00 14 u. 022/735 60 50, www.sequoia online.net, tgl. 12–2 Uhr, Reservierung – für das Dinner gar Wochen im Voraus – Pflicht, Plan S. 44/45 nördl. b1

Al-Fustat, das koptische Alt-Kairo | Kairo (Al-Qahira) 11

Cafés

Zahret al-Bustan Das traditionsreiche Tee- und Kaffeehaus mit großzügiger Terrasse ist einer der Treffpunkte in Downtown. Die Fassade des Bürgerhauses zieren Porträts der Stars der ägyptischen (Pop-)Kultur, von Sängerin Umm Kulthum über den Literaturnobelpreisträger Nagib Mahfuz bis hin zum Fußball-Ass »Mo« Salah. ■ Al-Bustan-as-Sidi-Passage 6, Ecke Sh. Talaat Harb, beim berühmten Café Riche, tgl. 8–24 Uhr, Plan S. 44/45 c1

Al-Fustat, das koptische Alt-Kairo

⑦ *Wo einst die Heilige Familie vor Herodes Zuflucht suchte*

Um die Ruine der römischen Festung Babylon (1. Jh.) siedelten sich frühe Christen im Schutz der Mauern an. In den engen Gassen der spätantiken Siedlung warten frühchristliche Kirchen mit wertvollen Ikonen, den Reliquienschreinen Heiliger und reichem Kulturerbe, das konzentriert im Koptischen Museum ausgestellt ist.

Sehenswert

⑦ Festung Babylon
| Festungsruine |

Von der römischen Festung (Qual'at Babilun) sind zwei mächtige Wachttürme und mehrstöckige Bögen geblieben, die in angrenzende Kirchen integriert sind oder deren Fundament bilden, wie bei der »Hängenden Kirche«. Arabische Eroberer errichteten um die spätantike Stadt ein Militärlager und tauften es Al-Fustat.

■ Freilichtmuseum des arabischen Militärlagers tgl. 9–16 Uhr, 20 LE, erm. 10 LE

⑧ Hängende Kirche
| Kirche |

Wegen der 29 Stufen, die zum Eingang führen, nannten frühe Kairo-Reisende das berühmteste Gotteshaus der Stadt (al-Kanisa al-Mu'allaqa) aus dem 7. Jh. auch »Treppenkirche«.
Die von 15 Säulen getragene Kanzel (11. Jh.) ist ein Meisterwerk. Unter den 110 Ikonen der Kirche ist auch die »Mona Lisa der Kopten« (11. Jh.). Der heiligen Quelle im Innenhof werden Heilkräfte nachgesagt.

■ Sh. Mari Girgis, tgl. 8–16 Uhr, Eintritt frei, Spende erbeten

⑨ Koptisches Museum
| Museum |

Das Museum (al-Mutahif al-Qabta) bietet einen Überblick über die koptische Geschichte seit dem frühen Christentum (ab dem 3. Jh.) und über die koptische Kultur bis ins 18./19. Jh., u. a. mit frühchristlichen Ikonen, Skulpturen, Manuskripten und Alltagskeramik. Die westlich gelegene Klosterkirche des Heiligen Georg (Deir Mar Girgis, tgl. 9–16 Uhr, frei) birgt einen wundervollen frühchristlichen Altar (10. Jh.) und die Kette, die der Heilige während seines Martyriums im Jahr 303 getragen hat. Sie soll das Böse verscheuchen.

■ Sh. Mari Girgis 3, www.coptic-cairo.com, tgl. 9–16 Uhr, 100 LE, erm. 50 LE

⑩ Sergios-und-Bakchos-Kirche
| Höhlenkirche |

Diese Kirche (Abu Serga) aus dem 4. Jh. ist den zwei Märtyrern geweiht, die 303 in Syrien hingerichtet wurden. Ein Teil ihrer Reliquien wird hier in einem Schrein verehrt. Die aufwendig gezimmerte Holzdecke symbolisiert die Arche Noah. In der Höhlenkapelle unter der Kirche fanden einst Maria, Josef

Kairo (Al-Qahira)

und das Jesuskind Zuflucht. Aus dem Brunnen soll die Heilige Familie getrunken haben.

■ Sh. Mari Girgis, neben dem Koptischen Museum, tgl. 9–16 Uhr, Spende erbeten

11 Ben-Ezra-Synagoge
| Synagoge |

Einst war das jüdische Gotteshaus (Maebad Bin-Esran) eine Kirche. Im 8. Jh. sah sich die koptische Gemeinde veranlasst, sie zu verkaufen. An der heiligen Stelle, wo der Sakralbau errichtet wurde, soll das Findelkind Moses gefunden worden sein, an ihn erinnert der Moses-Brunnen. Die Synagoge wird heute nicht mehr als solche genutzt. Sie ist ein Museum zur jüdischen Kultur in Ägypten und birgt umwerfende Handwerkskunst, darunter einen prächtigen Thoraschrein.

■ Im Gassengewirr beschildert, südlich der Kirche der Hl. Barbara, So–Fr 9–16 Uhr, Spende erbeten

12 Moschee des 'Amr ibn al-'As
| Moschee |

Die älteste Moschee Afrikas (642–43) hat zwar die Jahrhunderte nicht im Originalzustand überdauert, zählt aber nach dem Neubau 1796 und Renovierungen 2002 zu den schönsten Ägyptens. Benannt nach dem Feldherrn, der Ägypten für den Islam eroberte, birgt das Innere ein Heiligtum der besonderen Art: Eine Säule mit den Inschriften des Propheten Mohammed und des 2. Kalifen, 'Umar ibn al-Chattab (592–644), der den Monolithen aus Mekka mit einem Peitschenhieb in die damalige Moschee überstellt haben soll. Der zentrale Marmorbrunnen im Hof ist ein echter Hingucker!

■ Masjid 'Amr ibn al-'As, ca. 1 km nördl. der Metro-Station Mar Girgis, Sh. Sidi Hassan al-Anwar, Bus 431 vom Tahrir-Platz, tgl. von Sonnenauf- bis Sonnenuntergang, Spende erbeten

Verkehrsmittel

Am besten und schnellsten erreicht man den historischen Stadtteil Al-Fustat mit der Metro (L1, Einzelfahrt 3 LE), etwa vom Tahrir-Platz – Station Sadat – bis Mar Girgis.

Restaurants

€ | Abou Ahmad Couscous In einer Seitengasse gegenüber der 'Amr-ibn-al-'As-Moschee versteckt, gibt es eines der besten Couscous der Stadt – für Naschkatzen auch süß mit Puderzucker, Trockenfrüchten, Nüssen, Obst oder Eiscreme. ■ Sh. Mohammad Youssef, tgl. 12–23 Uhr, Plan S. 44/45 c5

€ | Old Cairo Restaurant & Café Auch wenn es touristisch wirkt, stimmen Qualität und Service hier an der Pforte zum Kopten-Viertel, wo es wenig Auswahl an Restaurants gibt. ■ Sh. Mari Girgis, tgl. 10–18 Uhr, Plan S. 44/45 c5

€€–€€€ | Tabla Luna Es muss nicht immer ägyptisch sein: Der Ecuadorianer Fabian Maldonado betreibt ein ausgezeichnetes lateinamerikanisches Lokal im Stadtteil Maadi. ■ Rd. 218 Digla 41, Ecke 231 Rd., Maadi, Tel. 022/5198403, tgl. 12–23.30 Uhr, Plan S. 44/45 südl. f5

Cafés

El-Khan Café-Garden Sehr touristisch, aber der Kaffeehaus-Kräutergarten im Patio ist eine regelrechte Oase, mit bequemen Rattanmöbeln und schattigen Plätzchen. ■ Sh. Sidi Hassan al-Anwar, Ecke Sh. el-Imam Malik, Tel. 0100/9999961, tgl. 10–1 Uhr, Plan S. 44/45 c4

Der Brunnen in der Moschee des 'Amr ibn al-'As dient der rituellen Waschung

Das mittelalterliche islamische Kairo

Ein fantastischer Ausblick auf Kairo von der Zitadelle und herrliche Moscheen

Die Ibn-Tulun-Moschee mit ihrem berühmten Spiralminarett ist die älteste, noch weitgehend im Original erhaltene Moschee Kairos. Weit pompöser vom Dekor und in ihrer Größe überwältigend ist die Hasan-Moschee, über der Saladins Zitadelle thront, während die Al-Muizz-Straße ein regelrechtes Freilichtmuseum islamischer Architektur darstellt.

 Sehenswert

 Ibn-Tulun-Moschee
| Moschee |

Der von den Abbasiden-Kalifen eingesetzte Statthalter Ahmad Ibn Tulun ließ das Gotteshaus mit seinem eigenwillig gestalteten Spiralminarett zwischen 876 und 879 erbauen – an einem sagenumwobenen Ort, um den sich zwei Legenden spannen: Hier soll die Arche Noah gestrandet und deren Balken im Dach verbaut worden sein. Und just an dieser Stelle soll der Prophet Abraham daran gedacht haben, seinen Sohn Isaak zu opfern, als ultimativen Glaubensbeweis. Nicht weniger als sechs Mihrab-Gebetsnischen aus unterschiedlichen Epochen islamischer Herrschaft gibt es im Inneren zu bewundern und feinste Kalligrafie in kufischer Schrift entlang der gesamten, den Hof umspannenden Arkaden. Das im Eintritt inkludierte, benachbarte Gayer-Anderson-Museum besticht mit dem Dekor des großbürgerlichen Wohnhauses eines britischen Sanitätsoffiziers und dessen unglaublicher Privatsammlung an ägyptischer Handwerkskunst.

■ Sh. Ahmad-Ibn-Tulun, tgl. 9–16 Uhr, an Feiertagen und im Ramadan variieren die Öffnungszeiten, Kombiticket mit Gayer-Anderson-Museum 60 LE, erm. 30 LE

11 Kairo (Al-Qahira)

14 Saladin-Zitadelle
| Festungsanlage |

Das Bollwerk beherbergt die prächtige Alabastermoschee

Zum Schutz gegen die fortwährende Bedrohung durch christliche Kreuzfahrer ließ der Ayyubiden-Sultan Saladin (s.u.) in Kairo eine mächtige Festung errichten, die südwestlich der islamischen Altstadt auf dem Hügel thront. Von der Aussichtsplattform hat man einen unvergesslichen Ausblick auf die Megastadt und Gizeh. An klareren Tagen sind die Pyramiden am Horizont zu erahnen. Zu den Sehenswürdigkeiten auf dem Festungsareal zählt die atemberaubende Muhammad-Ali-Moschee, auch Alabastermoschee genannt, im osmanischen Stil des 19. Jh. Die über 80 m hohen Bleistift-Minarette überragen die Festung und sind ein Eyecatcher im Panorama der Millionenstadt. Die weitaus ältere Moschee des an-Nasir Muhammad (14. Jh.), die eigentliche Sonntagsmoschee der Sultane, mit wunderschönen Arkaden, ist nach ihrem Baumeister benannt. Eine Ehre, die ihm gebührt!

■ Qal'at Salaa ad-Din, tgl. 8–17 Uhr, 140 LE, erm. 70 LE, Nachtbesuch tgl. 17.30–21.30 Uhr, 160 LE, erm. 80 LE

15 Sultan-Hasan- und Ar-Rifai-Moschee
| Doppelmoschee |

Von der Zitadelle aus betrachtet, wirken die beiden Moscheen fast wie Zwillinge. Die südliche des Sultans Hasan (14. Jh.) umfasst neben der Hauptmoschee auch die Grabmoschee und vier Medersen. Ihr 38 m hohes Eingangsportal ist reich verziert. Die hölzerne Zierkuppel ist mit rund 21 m Durchmesser die größte Kairos. Der enorme Grundriss mit etwa 150 m Seitenlänge und die stattliche Höhe von 68 m im Gebetsraum sorgen dafür, dass man sich als Mensch winzig klein fühlt. Die angrenzende und zum Verwechseln ähnliche Ar-Rifai-Grab-

Im Blickpunkt

Saladin, erster Sultan von Ägypten

Kaum ein muslimischer Herrscher ist im christlichen Abendland auch nur annähernd so berühmt wie der erste Ayyubiden-Sultan Saladin (1137/38–1193). Geboren im irakischen Tikrit, war er kurdischer Abstammung. Als Sohn eines hochrangigen Beamten machte der junge Saladin im Militär unter den türkischen Seldschuken Karriere. Er wurde zum Oberbefehlshaber Ägyptens und nach dem Tod des letzten Fatimiden-Kalifen 1171 zum Sultan ernannt. Sein größter militärischer, diplomatischer und propagandistischer Coup war die Eroberung Jerusalems am 2. Oktober 1187. Im christlichen Abendland wurde der erbitterte Gegenspieler teils zum Sinnbild des »edlen Heiden« verklärt. So habe Saladin dem englischen König Richard Löwenherz, als dieser bei der Belagerung von Akkon erkrankt war, seinen Leibarzt, frische Pfirsiche und gar Schnee vom Berg Hermon zur Linderung des Fiebers geschickt. Die wichtigste Facette seiner Herrschaft war die Christen und Juden gewährte Toleranz. Im Alter von 55 Jahren verstarb Saladin in Damaskus.

Das mittelalterliche islamische Kairo | Kairo (Al-Qahira) 11

Die Al-Mu'izz-Straße säumen zahlreiche Moscheen und andere islamische Bauten

moschee des Khediven Ismail (19. Jh.) wurde der Moschee Hasans optisch angeglichen.

■ Masjid wa Madrisat as-Sultan Hasan wa ar-'Rfai, Midan Salaa ad-Din, Sh. ar-Rifai, tgl. von Sonnenauf- bis Sonnenuntergang, Kombiticket für beide Moscheen 80 LE, erm. 40 LE

Museum für Islamische Kunst
| Museum |

Die Sammlung an islamischer Kunst und Handwerkskunst zählt zu den größten und besten der Welt: Schmuck, Waffen, edle Keramiken, Gold- und Silbermünzen, Eisenwaren, Kalligrafie bis hin zu wertvollen medizinischen Manuskripten, aber auch der Gartenkunst wird Raum gezollt.

■ Madhaf al-Fani al'Islami, Sh. Port Said, Bab al-Khalq, Metro L2 Mohammed Naguib, www.miaegypt.org, Sa–Do 9–17, Fr 9–11.30, 13.30–17 Uhr, 120 LE, erm. 60 LE, Fotografieren 50 LE, Sa auch Abendbesuche 17–21 Uhr, 160 LE, erm. 80 LE

Al-Mu'izz-Straße
| Islamische Architektur |

 Einmaliges Ensemble an Meisterwerken islamischer Architektur

Das Südtor der Altstadt, das von zwei Bleistift-Minaretten geschmückte Bab az-Zuweila mit Resten der Stadtmauer, markiert den südlichen Beginn der Al-Mu'izz-Straße. Benannt wurde sie nach dem Fatimiden-Herrscher, der diese Zentralachse für das mittelalterliche Kairo anlegen ließ. Aberdutzende Moscheen, Mausoleen und Medersen, Hamam-Bäder, Brunnenhäuser und Karawansereien säumen den von Antiquitäten-, Eisenhandwerks-, Teppich-, Schmuck- und Gewürz-Souks sinnlich-orientalisch belebten Weg bis zu seinem Ende am nördlichen Stadttor, dem Bab al-Futuh.

Ein Kombiticket für die Moscheen und Medersen in der Al-Mu'izz-Straße (100 LE, erm. 50 LE) ist im Qalawun-Komplex erhältlich, umfasst aber nicht alle Sehenswürdigkeiten.

11 Kairo (Al-Qahira)

Kaffeepause auf Kairos prächtigstem Basar, dem Chan el-Chalili

Um das **Bab az-Zuweila** liegen heute die Textil- und Teppich-Souks. Einst standen hier zwei Stadttore nebeneinander: Eines nutzte der Kalif al-Mu'izz bei der Festparade, das andere das gewöhnliche Volk. Später wurde ein Tor zugemauert. Die Grabmoschee des al-Mu'aiyad Schaich (tgl. 9–16 Uhr, Spende erbeten) ist an das Stadttor angegliedert. Halten Sie zumindest kurz inne, um die herrliche Pforte mit Stalaktiten-Gewölbedom, die aus der Hussein-Moschee im Basarviertel entnommen wurde, zu bestaunen.

■ Aussichtsplattform am Stadttor und Aufstieg auf eines der Minarette des Bab az-Zuweila tgl. 9–16 Uhr, 40 LE, erm. 20 LE

Mamluken-Sultan Al-Ashraf Qansuh (II.) al-Ghuri (1441–1516) hinterließ an der Kreuzung der Al-Mu'izz-Straße mit der Al-Azhar-Straße einen ganzen Block an Prachtbauten. Die **Wikala** war eine Karawanserei (1504–05) und gilt als die schönste von zahlreichen ihrer Art in Kairo. Hier finden Folkloreveranstaltungen mit Musik und Tanz im Patio statt. Nebenan ist die Straße zwischen der Al-Ghuri-Grabmoschee und der Medersa des Sultans wie seit Jahrhunderten überdacht. Der Blick auf das Ensemble ist einer der schönsten im islamischen Kairo.

■ Madrisat w Masjid as-Sultan Qanshu al-Ghuri, Ecke Sh. al-Azhar, tgl. 9–16 Uhr, 60 LE, erm. 30 LE

Die Pforte zur Koranschule des **Qalawun-Komplexes** ist vom Stil her untypisch. Es handelt sich um das gotische Tor, das in die ehemalige St.-Andreas-Kathedrale im israelischen Akkon führte. Als Teil der Kriegsbeute gegen die Kreuzfahrer wurde sie nach Kairo gebracht und um 1284–1285 im südlichen der zwei herausragenden Komplexe verbaut. Dazu gehören auch ein Krankenhaus, eine Moschee, das Mausoleum des namengebenden Sultans und eine Medersa.

Sein Sohn ließ gleich nebenan (nördlich) auch eine wichtige Koranschule

Das mittelalterliche islamische Kairo | Kairo (Al-Qahira) 11

und Moschee errichten. Die reich verzierten Holzdecken, teils mit Blattgold und kräftigen Blautönen koloriert, sind ein Traum!

■ Madrasa al-Mansur al-Qalawun, tgl. 9–16 Uhr (Medersa-Moschee So geschl.), Eintritt gegen Spende

Ehe das nördliche Stadttor, das Bab al-Futuh, erreicht ist, verdienen drei Bauten Ihre Aufmerksamkeit: Der **Sabil-Kuttab** des Abd el-Rahman Katchuda (1744), ein öffentliches Brunnenhaus, ist ein echter Hingucker. Knapp 500 m nördlich liegt das **Haus des Suheimi Pascha**, eines betuchten Händlers aus dem 17. Jh. Sein Stadtpalais beherbergt ein sehenswertes Museum voller Holzhandwerkskunst (tgl. 9–17 Uhr, 80 LE, erm. 40 LE).

Die **Al-Hakim-Moschee** ist mit ihrem Arkadenhof und ihren Dimensionen der Ibn-Tulun-Moschee (S. 49) recht ähnlich. Einen Einblick in das Alltagsleben der Kairoer bietet die von Eisenhandwerkern belebte al-Gamaliyya-Straße, hinter dem Bab an-Nasr in Richtung Süden.

■ Masjid al-Hakim bi'Amr Allah, tgl. Sonnenauf- bis Sonnenuntergang, Spende

18 Chan el-Chalili
| Basar |

Auf dem Basar wird seit 1383 rege gehandelt – und gefeilscht

Kairos berühmtester Basar ist der zentrale Marktplatz der Metropole mit teils überdachten Passagen. Es werden Goldschmuck und Seidenkleidung verkauft, edle Teppiche, Parfums und Antiquitäten, knappe Bauchtänzerinnenkleidchen und allerlei Souvenirs, von minderwertigen Papyruszeichnungen bis zu Götterstatuetten aus Gips. Insbesondere in den Abend- und Nachtstunden ist der Souk enorm belebt und stimmungsvoll. Am Hussein-Platz vor der Hussein-Moschee treffen sich Freunde und Familien, Kinder tollen ausgelassen herum, dazu gesellen sich Musiker und Gaukler. In den Teehäusern kann man dem Treiben bis in die Nachtstunden folgen.

■ Zugang am besten über den Midan Hussein, tgl. ab etwa 10.30–23/24 Uhr

19 Al-Azhar-Park
| Park |

Über 30 Hektar nimmt dieser riesige, gepflegte Park (Hadiqat al-Azhar) ein. Die »Grüne Lunge« bietet die willkommene Möglichkeit, abseits des Trubels und der Abgase durchzuatmen. Im Park befinden sich zahlreiche Cafés und Restaurants, Kinderspielplätze und die archäologisch interessanten Stadtmauern, die der Ayyubiden-Sultan Saladin anlegen ließ. Möglich machte diese Oase auf einer ehemaligen Mülldeponie die Aga-Khan-Stiftung. Dabei wurde großer Wert darauf gelegt, Grundsätzen islamischer Gartenbaukunst zu folgen.

■ Sh. Salah-Salem, www.azharpark.com, tgl. 9–22 Uhr, 20 LE, erm. 10 LE

ADAC *Mittendrin*

Nur wenn die zwei erfolgreichsten Fußballclubs Ägyptens, Rekordmeister Al Ahly Kairo und Al Zamalek SC aus Gizeh, aufeinandertreffen, steht die Millionenstadt fast still. Ein Stadionbesuch zum »**Kairo-Derby**« ist eine Erfahrung für sich. Aber auch das Spitzenspiel gemütlich-gemeinschaftlich am TV in einem Teehaus zu verfolgen, bringt Fußballfans aller Nationen einander näher.

Kairo (Al-Qahira)

⑳ Nördliche Totenstadt
| Friedhofsbezirk |

Der Friedhofsbezirk (al-Qarafa) ist mit prächtigen Mausoleen aus über einem Jahrtausend muslimischer Herrschaftsgeschichte gespickt. Die schönsten sind der Grabkomplex des Sultans Qaitbay und der Derwisch-Konvent mit der Grabmoschee des Sultans Faradsch ibn Barquq (1400–11).

■ Sh. Sultan Ahmed und Sh. al-Malik al-Mansur Uthman, tgl. 9–17 Uhr, Spende

㉑ Kloster des Heiligen Simon
| Höhlenkirche |

Die koptische Höhlenkirche und das Kloster (Deir al-Qiddis Sama'an al-Charraz), die bis zu 20 000 Gläubigen Platz bietet, ist hier eine Sehenswürdigkeit ersten Ranges und war bis zur Einweihung der Kathedrale in der »Neuen Hauptstadt« Anfang 2019 das größte christliche Gotteshaus im gesamten Nahen und Mittleren Osten. Der Heilige Simon (10. Jh.) war am »Wunder« des Patriarchen Abraham beteiligt, der den Muqattam-Berg durch Gebete versetzt haben soll. Seine Reliquien wurden 1991 unter der »Hängenden Kirche« gefunden und werden nun hier verehrt. Der Muqattam-Berg liegt inmitten der von rund 700 000 Menschen bewohnten »Müllstadt« von Manschiyyet Nasser. Über 80 000 von ihnen, meist christliche Kopten, kümmern sich um das Recycling der Abfallmassen der Megacity. Eine durchaus sehenswerte Seite Kairos.

■ Sh. Mikchel Girgis, nur mit dem Taxi erreichbar, www.samaanchurch.com

Parken

Die moderne **Al-Darassa-Garage** bietet ausreichend überdachte und bewachte Stellplätze am nördlichen Ende des Al-Azhar-Parks, etwa 1 km Fußweg vom Chan el-Chalili. ■ Sh. Gohar al-Kaed, durchgehend geöffnet, 8 LE pro Std., Plan S. 44/45 f1

Restaurants

€–€€ | Wakalat Suheimi In diesem typischen arabischen Herrenhaus, knapp 100 m östlich des Hauses des Suheimi Pascha (S. 53), erwarten Sie exzellente Grillgerichte, orientalisches Ambiente und ägyptische Musik und Tanz mit Niveau. ■ Sh. Haret al-Darb al-Asfar, an der Ecke der Handwerkergasse Sh. al-Gamaliyya, Mobil: 01 09/292 22 23, tgl. 11–1 Uhr, Plan S. 44/45 f1

Einkaufen

Sahir al-Almasa Am Chan el-Chalili bietet diese arabische Parfümerie einen Einblick in die orientalische Welt der Damen- und Herrendüfte aus hochwertigen ätherischen Ölen und Essenzen. ■ Sh. Gohar al-Kaed, westl. der Hussein-Moschee, Tel. 022/593 90 52, tgl. 10–22 Uhr, Plan S. 44/45 e/f1

In der Umgebung

Marienbaum
| Klostergarten |

Bei der »Kirche der Heiligen Familie im Exil« steht der längst abgestorbene Marienbaum (»Virgin's Tree«, »Shajarat Mari«), unter dem Maria mit dem Jesuskind auf der Flucht nach Ägypten Rast gemacht haben soll. In der bis heute gepflegten Heiligen Quelle soll sie ihr Kleinkind gewaschen haben.

■ Sh. Haret Mahmoud Manatawi, Metro L2 Matariyyah, tgl. 8–17 Uhr, 40 LE, erm. 20 LE

Gizeh 12

12 Gizeh

Die kleine Schwester von Kairo am Westufer des Nils

i Information

■ TIO bei den Pyramiden (Aharam al-Dschiza), in den zwei Besucherzentren an den Ein- und Ausgängen, Tel. 023/383 88 23, tgl. 9–17 Uhr

■ Ticketschalter beim Haupteingang und dem Besucherzentrum, Zutritt zum Areal 160 LE, erm. 80 LE, Kombiticket Areal, Cheops-Pyramide und Sonnenbarkenmuseum 500 LE, erm. 250 LE, mit dem Cairo Pass (S. 42) ist der Besuch der Cheops-Pyramide und einer weiteren inkludiert, meist ist neben der Cheops-Pyramide nur eine weitere der Öffentlichkeit zugänglich.

Gizeh (Al-Dschiza), die wichtige Universitätsstadt mit über 4 Mio. Einwohnern, steht in gewisser Konkurrenz zu Kairo. Getrennt durch den Nil, erstreckt sich entlang dem Ufer auf der Seite Gizehs das Geschäftsviertel Dokki mit Banken- und Firmensitzen, aber auch zahlreichen Botschaften. Auf einem Kalksteinplateau am Stadtrand, wo die Wüste beginnt, liegt die wichtigste Nekropole des alten Ägypten mit den Pyramiden und der Sphinx. Auf dem weitläufigen Areal gibt es aber noch mehr zu entdecken.

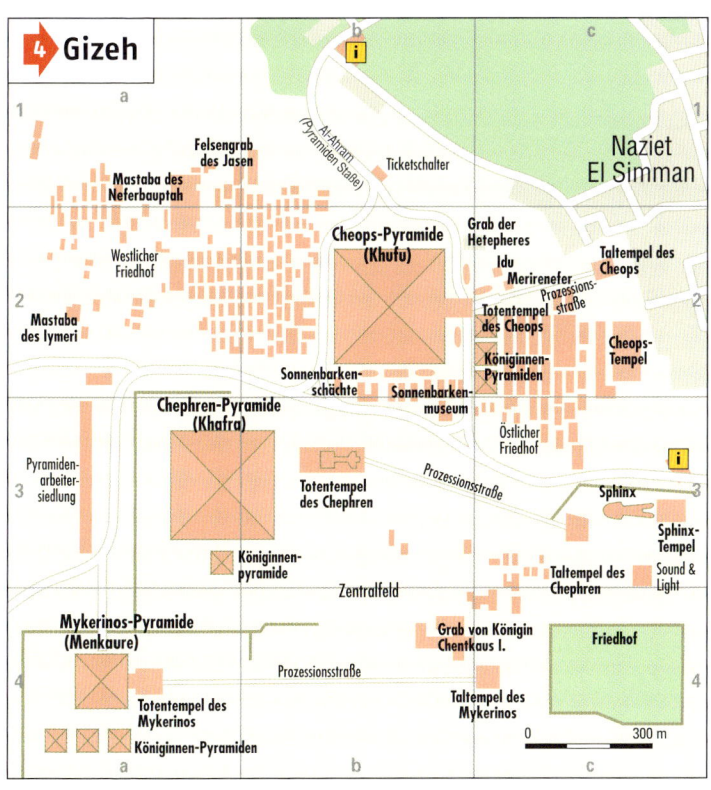

Gizeh

Sehenswert

Pyramiden und Große Sphinx von Gizeh
| Altägyptische Grabanlagen |

 Die Grabanlagen sind rund 4600 Jahre alt

Über 73 m lang und knapp 20 m hoch ist die rätselhafte **Große Sphinx von Gizeh** aus Sandstein, die wohl auf die Regierungszeit des Pharaos Chephren (2520–2494 v. Chr.) zurückgeht, vor dessen Pyramide und der schnurgeraden Prozessionsstraße sie seit mindestens 4500 Jahren sitzt. Ihre Nase ist abgebrochen, woran nicht Obelix der Gallier Schuld trägt, sondern vielmehr osmanische Kanoniere bei Schießübungen. Die frühen arabischen Eroberer fürchteten das Fabelwesen und gaben ihm den Namen Abu al-Hol: »Vater des Schreckens«.

Fast 500 m geht es vom Taltempel des Chephren bergan zum Fuß der **Chephren-Pyramide**. Über 215 m misst eine Seitenlänge ihrer quadratischen Grundfläche. Da sie höher am Plateau errichtet wurde, wirkt die zweitgrößte der drei Königspyramiden optisch größer als die von Chephrens Vater Cheops. Tatsächlich ist sie aber mit knapp 136 m (ursprünglich fast 144 m) Höhe 3 m kleiner. An der Pyramidenspitze ist ein Teil der ursprünglichen Verkleidung erkennbar.
■ 100 LE, erm. 50 LE

Die **Cheops-Pyramide** ist die älteste und größte Pyramide auf dem Gizeh-Plateau. Das Grabmal von Cheops, der etwa zwischen 2620 und 2580 v. Chr. regierte, zählte mit fast 139 m Höhe (ursprünglich 149,5 m) in der Antike zu den sieben Weltwundern. Der Besuch

Die Sphinx vor der Chephren-Pyramide (rechts) und der des Mykerinos (links)

Gefällt Ihnen das?

Wollen Sie weitere Pyramiden bestaunen? Dann finden Sie bei **Sakkara** (S. 58) die Stufenpyramide des Djoser und in **Dahschur** (S. 60) die einzigartige Knickpyramide sowie die Rote Pyramide des Pharao Snofru.

des stickig-engen Inneren der Pyramide ist möglich, aber nichts für Kreislaufschwache und Klaustrophobiker. Man muss sich knapp 40 m durch einen 1,20 m hohen und nur einen Meter breiten Gang emporbewegen (Muskelkatergarantie!), ehe man die imposante erste Galerie (»Große Halle«, 47 m lang und 8,50 m hoch) und schließlich die Grabkammer mit dem Sarkophag und glatt polierten Wänden aus Assuan-Granit erreicht.

Überaus sehenswert ist das Sonnenbarkenmuseum: Die 1954 von Archäologen an der Pyramide entdeckte kolossale Grabbeigabe aus Zedernholz wurde aus über 1000 Einzelteilen zusammengesetzt.

■ Grabkammer 360 LE, erm. 180 LE, Sonnenbarkenmuseum 100 LE, erm. 50 LE

Die **Mykerinos-Pyramide**, mit »nur« 62 m Höhe die kleinste der drei Königspyramiden, war das Grab von Chephrens Sohn und Nachfolger Mykerinos (auch Menkaure). Sie war mit Granit verkleidet, der weitaus schwerer für die Arbeiter zu bewegen war als der sonst verwendete lokale Kalkstein.

■ 100 LE, erm. 50 LE

Orman-Garten
| Botanischer Garten |

Insbesondere ab Mitte März und bis in den Mai erblüht die weitläufige Anlage unweit der Universitätsbrücke. Der Kakteengarten ist ganzjährig ein herrlicher Anblick.

■ Am Midan Nahdet Masr, gegenüber vom Zoo, tgl. 9–16 Uhr, 2 LE

 Verkehrsmittel

Taxi oder Uber vom Tahrir-Platz zu den Pyramiden rd. 100–150 LE, Metro L2 bis Gizeh, Einzelfahrt 3 LE, CTA-Linienbus 2001 hält 200 m vor dem Eingang, 5 LE. Vom Tahrir-Platz fahren die Buslinien 355 und 357 nach Gizeh.

 Kinder

Pharaonisches Dorf Mit einem Boot setzt man von Gizeh aus auf die Jakobsinsel (Jazirat al-Qursayah) im Nil über. Wo das Leben und der Alltag wie einst im alten Ägypten liebenswert inszeniert werden. Eine Zeitreise, die im »Kanal der Zivilisation« beginnt und an

ADAC Mobil

Ihr erster Kontakt vor den Pyramiden wird mit Sicherheit ein Kutscher sein, der eine **Kutschfahrt** anbietet. Achten Sie darauf, dass die Pferde gut versorgt sind, und meiden Sie Fahrten in der Mittagshitze (250–400 LE für 1–1,5 Std. – Verhandlungsgeschick vorausgesetzt). Die Fahrt endet beim Kamelbesitzer, der Ihnen einen **Kamelritt** zum Postkartenblick anbietet, wo alle neun Pyramiden (große und kleine) zu sehen sind (Verhandlungsbasis 800 LE). Wenn Sie den Preis um ein Drittel drücken können, haben Sie gut verhandelt und die Fahrt mit dem Wüstenschiff kann beginnen!

ADAC *Wussten Sie schon?*

Alle drei Pyramiden wurden im Laufe von rund 100 Jahren errichtet, doch die von Cheops sprengt die Vorstellungskraft: Bei einer **Bauzeit** von nur 20 Jahren rechnet man mit einem 10-Std.-Tag, denn es wurden rund 2,3 Mio. Quader verbaut – macht rund 320 pro Tag, 32 pro Stunde.

altägyptischen Statuen und Papyruspflanzungen vorbeiführt, ehe man in eine Welt wie vor über 4000 Jahren eintaucht. Auch Erwachsene werden begeistert sein! ■ Sh. al-Bahr al-Azam 3, Tel. 023/571 86 75, www.pharaonicvillage.com, tgl. 9–17 Uhr, Preis je nach Tour (1–3 Std.), ab 430 LE, erm. (bis 6 J.) 50 LE, ab 6 J. 20 % Rabatt auf den Preis des Erwachsenentickets

Das Universalgenie Imhotep baute das Grabmal für Pharao Djoser

13 Sakkara

 Die Pyramide ist der erste Monumentalbau aus Steinblöcken

Die Nekropolen von Sakkara (Saqqara) bei der altägyptischen einstigen Hauptstadt Memphis können sich durchaus mit denen in Gizeh messen lassen. Sie umfassen neben der berühmten Stufenpyramide des Djoser reich verzierte Mastaba-Gräber, Totentempel und kleinere Pyramiden, wie die des Unas, wo Archäologen 1881 auf die ältesten religiösen Schriftzeugnisse der Menschheitsgeschichte stießen, die »Pyramidentexte«, über – wie könnte es anders sein? – das Leben nach dem Tod.

 Sehenswert

Stufenpyramide des Djoser
| Pyramide |

Aus der 3. Dynastie des Alten Reichs stammt die älteste Pyramide Ägyptens, eine der eindrucksvollsten Sehenswürdigkeiten des Landes. Um 2650 v. Chr. vom genialen Universalgenie Imhotep (S. 60) errichtet, war für den Pharao Djoser, wie in den Anfängen üblich, nur ein Mastaba-Steingrab vorgesehen. Doch Imhotep dachte weiter, ließ erst vier Stufen errichten, dann sechs. Das Ergebnis ist das erste monumentale aus behauenen Steinen errichtete Bauwerk der Menschheit.

■ Al-Haram al-Mudari l'il-Malik Zosir, auf der Höhe von Mit-Rahina am Nilkanal bei der Post westl. abzweigen, nach einem Checkpoint erreicht man den Parkplatz und den Ticketschalter beim Imhotep-Museum, Nekropole und Imhotep-Museum tgl. 8–16, im Sommer 17 Uhr, 150 LE, erm. 75 LE, Parken 10 LE

Im Blickpunkt

Das Große Ägyptische Museum (GEM)

Mit dem »GEM« (engl. »Juwel«), dem Grand Egyptian Museum von Gizeh (al-Mathaf al-Misri al-Kabir, www.gem.gov.eg), bekommt Ägypten die »vierte Pyramide von Gizeh«: Nur 2 km vom antiken Weltwunder entfernt, bedeckt es eine Fläche von 50 Hektar und bietet mehr Ausstellungsfläche als der Louvre in Paris. Für den genialen Entwurf ist das Büro von Heneghan Peng Architects verantwortlich, Kostenpunkt knapp 1 Mrd. US-$. Schon rein äußerlich ist es ein traumhaftes Bauwerk. Es wird das größte Archäologische Museum der Welt und über 20 000 Exponaten endlich einen angemessenen Platz bieten. Hinzu kommen Restaurants, Cafés, ein Kino und Kongresszentrum neben einer wissenschaftlichen Abteilung und einem Team von über 100 Restauratoren, die im Akkord auf die Eröffnung hinarbeiten. Zu sehen sein werden dann auch die gesamten Grabbeigaben von Tutanchamun, eine Ramses-Statue, die einen Platz in Kairo zierte, und Abertausende Funde des alten Ägypten, die bislang nur Lagerbestände waren oder aus aktuellen Ausgrabungen stammen. 2020 ist die Teileröffnung anberaumt, 2022, zum 100. Jubiläum der Entdeckung des Tutanchamun-Grabs (S. 84) durch Howard Carter, soll es dann vollständig der Öffentlichkeit zugänglich sein. Zugleich laufen rege Verhandlungen der ägyptischen Regierung mit Staaten weltweit, primär England und Frankreich, was die Rückgabe von im 18., 19. und 20. Jh. außer Landes geschafften wichtigen Kunstschätzen betrifft.

Serapeum
| Nekropole |

Das unterirdische Labyrinth birgt die größten bekannten Sarkophage des alten Ägypten: 25 bis zu 80 Tonnen schwere Objekte aus Assuan-Granit für die Bestattung mumifizierter heiliger Apis-Stiere, die in Memphis als Verkörperungen des Gottes Ptah verehrt wurden.

■ Tgl. 8–16, im Sommer bis 17 Uhr, 150 LE, erm. 75 LE

Mastabas des Ti und des Mereruka
| Bankgräber |

Sakkara ist berühmt für seine farbenprächtigen, reich dekorierten Mastaba-Bankgräber, allen voran die des Ti (rd. 2400 v. Chr.). Das Grab des hochrangigen Beamten zählt wegen seiner hervorragend erhaltenen Reliefs zu den schönsten Ägyptens. Das Bankgrab des Mereruka, Wesir unter Pharao Teti (Regierungszeit 2318–2300 v. Chr.), hat die Dimensionen einer Villa: Auf einer Grundfläche von knapp 1000 m² führt die Besichtigung durch viele der 32 Räume. Es gilt als die größte Mastaba, die bislang (Stand 2019) freigelegt wurde. Wandbilder zeigen detailreich Mereruka beim Fischfang, umgeben von Flusspferden, Krokodilen und jeder Menge Fische, oder mit seiner Ehefrau beim Brettspiel. Die Szenen sind ausgesprochen lebensnah.

■ Ti-Mastaba im Sakkara-Eintritt inkl., Mereruka-Mastaba 80 LE, erm. 40 LE

Sakkara

Restaurants

€–€€ | Grillrestaurant Pharous Wie vielerorts in Ägypten kommt neben feinen Vorspeisen, gegrilltem Auberginensalat und einem Gemüseeintopf eine »gemischte Grillplatte« auf den Tisch. Das »Touristen-Menü« ist preislich leicht gehoben, aber die Qualität stimmt! ■ An der Zufahrt zur Sakkara-Nekropole, Pyramid of Djoser Rd., tgl. 9–17 Uhr

Einkaufen

Fouad el Tohamy Carpet Schools »Teppichschulen« wie diese haben um Sakkara große Tradition, dementsprechend groß ist ihre Zahl und die Auswahl an Teppichen höchster Qualität. Verhandeln Sie durchaus unnachgiebig! ■ Sakkara Tourist Rd., Sakkara, Tel. 023/819 35 35, tgl. 8–17 Uhr

In der Umgebung

Mit-Rahina
| Freilichtmuseum |

Das Freilichtmuseum zeigt die Funde der einst blühenden ersten Hauptstadt des Pharaonenreichs, Memphis, deren Aufstieg vor 5000 Jahren begann. Zu sehen sind u. a. eine auf dem Rücken liegende Kolossalstatue von Ramses II. und eine 80 Tonnen schwere Alabastersphinx.

■ Halten Sie sich an der Abzweigung nach Sakkara östl., das Museum ist im Zentrum des Ortes nicht zu verfehlen, tgl. 8–16 Uhr, 80 LE, erm. 40 LE

14 Dahschur

Beim antiken Memphis warten zwei Highlights – Knick- und Rote Pyramide

Das dritte wichtige Pyramidenfeld, Dahschur, um die alte Hauptstadt Memphis umfasst zwei monumentale Pyramiden des Pharao Snofru, Vater des Cheops.

Sehenswert

Rote Pyramide
| Pyramide |

Sie ist die drittgrößte ihrer Art, älter als die von Gizeh. Von der Stufenpyramide in Sakkara aus kann man sie im Süden klar erkennen: die wegen ihrer Färbung Rote Pyramide genannte, wahrscheinliche Grabstätte des Pharao Snofru (2670–2620 v. Chr.). Über 100 m ragt sie in den Himmel über der

---

Im Blickpunkt

Imhotep – vom Multitalent zur »Mumie«

Imhotep baute nicht nur die erste Pyramide und herrliche Tempel, sondern war auch ein talentierter Arzt, Ingenieur und Schriftsteller. Es erstaunt, dass ein Tausendsassa wie er zur Furcht einflößenden »Mumie« im Hollywood-Klassiker von 1932 und im Remake von 1999 werden konnte. Allerdings soll Imhotep auch die Grundsätze der Mumifizierung entwickelt haben. In der Spätzeit des alten Ägypten entstand ein Kult um die gottgleich verehrte Lichtgestalt. Im Neuen Reich opferten Schreiber vor ihrer Arbeit Imhotep stets einen Tropfen Tinte. Doch von seinem Grab fehlt bislang jede Spur. Es wird in Sakkara vermutet.

Oase Bahariyya 15

Der schönste Rechenfehler der Architekturgeschichte, die Pyramide von Dahschur

Wüste. Mit einer Basis-Kantenlänge von 220 m ist sie größer als die des Chephren. Nach einem etwas beschwerlichen Aufstieg auf etwa 30 m an der Pyramidenwand kann man sich in ihr Inneres begeben, sofern man keine Platzangst bekommt, auf den 60 m, die man einen engen Gang (0,90 x 1,20 m!) hinabrobbt. Nur so erreicht man die zwei Vorkammergalerien und die von Grabräubern geplünderte Grabkammer.

■ Al-Haram al-Achmar, ca. 12 km südl. von Sakkara an der Dahshur–Tahma Rd., 60 LE, erm. 30 LE, für das gesamte Areal, Knickpyramide inkl.

Knickpyramide
| Pyramide |
Beim Bau der markanten Knickpyramide des Snofru wurden alsbald Stabilitätsprobleme evident: Der Steigungswinkel war anfangs zu steil berechnet worden. So flachten die Baumeister die Winkel bis zur Spitze in immerhin 105 m Höhe ab.

■ Al-Haram as-Snufru al-Mayil, 2 km südl. der Roten Pyramide

Oase Bahariyya

Die Oase in der Libyschen Wüste war bereits zur Pharaonenzeit besiedelt

Information

■ TIO bei der Polizeistation, Tel. 023/ 847 30 35, So–Do 9–14 Uhr
■ Informieren Sie sich bei Ihrer Botschaft über die aktuelle Sicherheitslage, und geben Sie der Auslandsvertretung Ihre Reisepläne bekannt

Al-Bawiti, der Hauptort der »nördlichen Oasen« (al-Wahat al-Bahriyya), weist in der Westlichen (oder Liby-

15 Oase Bahariyya

Wie auf einem anderen Planeten: Kreidefelsformationen in der Weißen Wüste

schen) Wüste die beste Infrastruktur auf. Von hier werden Wüstensafaris in die Schwarze Wüste sowie zum Kristallberg auf halber Strecke nach Farafra (S. 63) organisiert.

Sehenswert

Pfad der Antike
| Historischer Oasenrundgang |
Die Bahariyya-Senke ist seit der Jungsteinzeit besiedelt, doch Bedeutung erhielt sie erst im Alten Reich als Handels- und v.a. Grenzposten gegen libysche Kriegerstämme. Eine erste Blüte setzte um 500 v. Chr. in der Phase der Ptolemäer ein. Hervorzuheben sind der Tempel Alexander des Großen (der einzige Tempel, den er in Ägypten errichtete) im Dorf Qasr al-Makisba und die Ibis-Galerien von Qarat al-Farargi.

Aus römischer Zeit sind befestigte Militärlager, Palastruinen und sogar Spuren von Weinanbau erhalten.

Die »Goldenen Mumien« sind im Museum mit einer Vielzahl an Objekten aus der Umgebung ausgestellt. Gefunden wurden sie im »Tal der Goldenen Mumien« mit Gräbern aus griechisch-römischer Zeit (6 km südwestl.).

■ Sa–Do 10–17, Fr 14–17 Uhr, alle Sehenswürdigkeiten sind per Sammeltaxi ab dem Museum an der Fernverkehrsstr. von Gizeh erreichbar, 100 LE, erm. 50 LE

Berg der Engländer
| Wanderung |
Den Dschebel al-Ingliz – die Engländer hatten hier im Ersten Weltkrieg einen Beobachtungsposten – kann man mit gutem Schuhwerk, Sonnenschutz und ausreichend Trinkwasser in kühleren Jahreszeiten von Al-Bawiti aus zu Fuß

erklimmen (45 Min.–1 Std.). Der Ausblick auf die grüne Oase ist die Mühe des Aufstiegs allemal wert!

In der Umgebung

Schwarze Wüste
| Landschaft |

Auf Arabisch heißt der Landstrich die »Schwarze Sahara« (as-Sahra' as-sauda'). Das Vulkangestein Basalt, das in den Säulen am Dschebel el-Marsus menschengemachten Kunstwerken gleicht, und seine Erosion durch Wind und Temperaturschwankungen färbten weite Teile der umliegenden gelben Sand- und Steinwüste schwarz. Ein unglaublicher Anblick!

■ Ab etwa 20 km südl. Richtung Farafra, es bietet sich an, eine vom Militär genehmigte Tour (3–4 Std.) mit einem Allradwagen und Führer zu buchen, rd. 150 LE Genehmigung, Passkopie, rd. 600–1000 LE für den Fahrer, der 4–5 Personen mitnimmt

Kristallberg
| Naturwunder |

Durch Zufall stieß man in den 1970er-Jahren bei den Bauarbeiten der Fernverkehrsstraße zwischen den Oasen Bahariyya und Farafra auf ein subvulkanisches Gewölbe voller weißer bis farbloser Baryt- und Calcit-Kristalle.

■ Dschebel el-Izaz, auf halber Strecke zwischen Bahariyya und Farafra, Gizeh–Farafra Rd., nicht zu verfehlen

16 Oase Farafra

Die abgelegene Oase ist Ausgangspunkt für Touren durch die Weiße Wüste

Die Oase (Wahat al-Farafra), knapp 300 km westlich von Asyut und rund 190 km südwestlich von Bahariyya, ist die kleinste ihrer Art in den ägyptischen Senken. Neben der Weißen Wüste verlocken die wenigen Öko-Lodges zur Erholung in der Wüste.

Sehenswert

Weiße Wüste
| Kreidefelsformation |

▶ 5 *Ein Kalkstein-Skulpturenpark, geschaffen von Wind und Wetter*

Die Weiße Wüste, die 2002 als Nationalpark (Mahmiyyat as-Sahra al-baida' at-tabi'iya) unter Schutz gestellt wurde, ist eine Wunderwelt aus Kreidestein (Kalkstein) mit Felsformationen, die die Form von Pilzen, Hunden, Hühnern oder gar menschenähnlichen Gestalten angenommen haben. Dort wo der weiße Sand sich mit dem gelben mischt, meint man, im Schnee oder auf einem Gletscher zu stehen. Nächtigen kann man an 15 ausgewiesenen Rastplätzen. Die Stimmung zum Sonnenuntergang, wenn die Schatten der Skulpturen länger und länger werden, ist unvergesslich!

■ Besucherzentrum an der Ortseinfahrt, tgl. 8–19 Uhr, Parkgebühr 90 LE

Verkehrsmittel

Ausflüge werden aus Kairo organisiert (2–3 Tage), rechnen Sie mit 70–80 € pro Tag und Person, aber auch aus Bahariyya und Farafra, Guide/Fahrer und Geländewagen ab 750 LE für 3–4 Std., rd. 1200–1400 LE p.P. mit Übernachtung, Abendessen und Frühstück

Western Desert Tours mit Sitz in der Bahariyya-Oase bietet einen Pick-up-Service aus Kairo und andernorts an, mit privaten Fahrern. ■ Mobil: 01 01/944 04 28, www.westerndeserttours.com, Preis auf Anfrage

Al-Fayyum

Die Stadt am Rand der Wüste galt den Griechen als »Krokodilopolis«

Information

- TIO im Gebäude der Gouvernements-Regierung, Sh. Saad Zaghlul, Tel. 084/ 634 23 13, www.fayoumegypt.com, Sa–Do 9–15.30 Uhr
- Informieren Sie sich bei Ihrer Botschaft über die aktuelle Sicherheitslage, und geben Sie der Auslandsvertretung Ihre Reisepläne bekannt

Die jahrtausendealte Provinzhauptstadt Al-Fayyum (Madinat al-Fayyum) in der gleichnamigen Senke durchziehen mehrere Nilkanäle. Besonders schön sind die Wasserräder (Sh. al-Gomhoreya) am Josefskanal, unweit des Bahnhofs und der Souks. Amenemhet III. und Sesostris III. bauten den Josefskanal 1800–1700 v. Chr. und sorgten so für eine kontinuierliche Wasserversorgung. Sie legten auch den Qarun-See (Moeris-See) an, der überschüssiges Nilwasser aufnahm und das Sumpfland trockenlegte. Da es hier vor zwei Jahrtausenden von Krokodilen nur so wimmelte, nannten die Griechen den Ort trefflich Krokodilopolis. Gehuldigt hat man hier folglich dem krokodilköpfigen Gott Sobek (S. 77). Das Highlight der Fayyum-Senke ist das Wadi al-Hitan (»Tal der Wale«) am äußersten Westende.

Sehenswert

Wadi al-Hitan
| Fossilienfeld |

 Eine Schatzkammer an Fossilien mit Skeletten der Walvorfahren

Im UNESCO-Weltnaturerbe Wadi al-Hitan (»Tal der Wale«) bedeckte vor etwa 35–40 Mio. Jahren der Urozean Tethys die heutige Sahara. Darin tummelte sich eine Fülle an riesigen Meerestieren, wovon versteinerte Überreste zeugen. Besonderes Augenmerk gilt dabei den Vorfahren unserer Wale. Bislang wurden mehr als 1000 fossile Überreste, darunter intakte, komplette und überaus eindrucksvolle Skelette der Arten Basilosaurus und Dorudon, gefunden. Sie sind in einem Freilichtmuseum zu erkunden. Das moderne »Museum der Fossilien und des Klimawandels« ist spannend gestaltet.

- Am besten erreicht man das Wadi al-Hitan mit einer geführten Tour (1–2 Tage) von Kairo (3 Std. Fahrtzeit) oder Al-Fayyum, Nationalpark, Freilichtmuseum und Museum tgl. 7–17.30, im Winter 16.30 Uhr, 40 LE

ADAC *Wussten Sie schon?*

In Gärbottichen in Tell el-Amarna fanden Archäologen bereits 1990 die Reste der Hofbrauerei. Und da die Zutaten des bei den Ägyptern überaus beliebten Bieres aus Getreide, Datteln und Malz, **Henket** genannt, erhalten blieben, machten die Forscher sich daran, es nachzubrauen. Mit Erfolg!

18 Tell el-Amarna

Das alte Achet-Aton, Hauptstadt des Ketzer-Pharaos Echnaton

Die weitläufigen Ruinen des alten Achet-Aton sind teils ausgezeichnet erhalten. In der Kunst markierte die Amarna-Kultur eine Zäsur: Handwerker wandten sich der Abbildung der

Im Urozean Tethys standen die Vorläufer der Wale an der Spitze der Nahrungskette

Natur zu und entdeckten die Perspektive neu. Überaus schön sind die Fußböden und der Wandschmuck aus Tell el-Amarna, mit Abbildungen aus der Tierwelt. Der »Ketzer-Pharao« Echnaton (14. Jh. v. Chr.), Gemahl der schönen Nofretete, wollte alles über den Haufen werfen, was Ägypten leitete: Sein Achet-Aton war ein Ort, »der keinem Gott, keiner Göttin, keinem Herrscher und keiner Herrscherin gehört und wo niemand Eigentumsrechte geltend machen kann«. Wie Echnatons Glaube währte seine Stadt kaum mehr als zwei Jahrzehnte über seinen Tod hinaus. Sein Nachfolger Tutanchamun kehrte zu den alten Göttern zurück. Echnatons Grab (TA 62) kann in der Nekropole 10 km östlich des Ticketschalters besichtigt werden.

■ Am östl. Nilufer, ca. 60 km südl. von Al-Minya, tgl. 9–17 Uhr, 60 LE, erm. 30 LE

19 Sohag

Ein modernes Museum, koptische Klöster und eine altägyptische Statue

Information

■ TIO, Sh. Achmim al-Schwamaa, Nasr City, am Ostufer des Nils, rd. 450 m nördl. des Museums, Tel. 093/460 4453, So–Do 9–15, Sa 10–13 Uhr

Die typisch arabische Stadt Sohag (Sauhadsch), wegen ihrer zwei Nilinseln »Braut des Nils« genannt, beherbergt eine der besten archäologischen Sammlungen des Landes. Westlich von Sohag liegen auf dem Weg zum Flughafen zwei sehenswerte koptische Klöster, das Weiße Kloster mit der Höhlenkapelle des Heiligen Schenuda und das Rote Kloster.

19 Sohag

Die Statue der Merit-Amun in Achmim gilt als eine der schönsten des alten Ägypten

 Sehenswert

Pharaonisches Nationalmuseum
| Archäologisches Museum |
Einem altägyptischen Tempel gleich erhebt sich der Neubau am Nilufer. Die exzellent präsentierte Sammlung wartet mit den Fundstücken der Provinz auf, darunter zahlreiche Statuen aus der Amarna-Zeit (S. 64).

■ Mathaf al-Sauhai al-Qaumi', Sh. Achmim al-Schwamaa, Nasr City, am Ostufer des Nils, tgl. 8–16, im Sommer bis 17 Uhr, 60 LE, erm. 40 LE

Statue der Merit-Amun
| Monumentalstatue |
Im Städtchen Achmim fanden Archäologen mit der rund 13 m hohen Statue der Merit-Amun eine der schönsten Statuen des alten Ägypten: Die Hohepriesterin war eine Gemahlin von Ramses II. Eine Kolossalstatue des Pharaos steht 90 m vor dem Museum.

■ Maebad Mirit Amun, 6 km östl. von Sohag, Freilichtmuseum im Zentrum von Achmim bei den Souks, tgl. 9–17 Uhr, 40 LE, erm. 20 LE

20 Abydos

Der Totengott Chontamenti wachte über die Nekropole der ersten Dynastien

In Abydos (Abidus), etwa 15 km südwestlich der Kleinstadt El-Balyana, betreten Sie den heiligsten Boden des alten Ägypten. Hier, wo bereits die Herrscher der ersten Dynastien nahe ihrer Hauptstadt Thinis ihre letzte Ruhestätte fanden, setzte sich nicht nur Sethos I. ein monumentales Denkmal. Angegliedert ist das Osiris-Heiligtum mit rätselhaften Hieroglyphen.

Sehenswert

Totentempel von Sethos I.
| Altägyptischer Tempel |

 Hier setzte der Vater von Ramses II. neue Maßstäbe im Tempelbau

Sethos I. (etwa 1323 v. Chr.–1279 v. Chr.), Sohn von Ramses I. und Vater des mächtigen Ramses II., war einer der bedeutendsten Herrscher seiner Ära, was sich in seinem Totentempel (Maebad Abidus) offenbart. An der Umfassungsmauer finden sich Szenen seiner Kriege gegen die Hethiter. Im ersten, knapp 630 m² großen Säulensaal begrüßen einen 24 Säulen, die gebündelte Papyruspflanzen symbolisieren. Im zweiten Säulensaal warten 36 Säulen und herrliche Reliefs, die Sethos I. u. a. bei Opferhandlungen mit Osiris zeigen. Neben sieben, den wichtigsten Göttern geweihten Kapellen ist die Königsgalerie herausragend: Hier sind alle Vorgänger von Sethos I., beginnend mit dem legendären Menes, aber auch sein Nachfolger Ramses II. (mit Haarlocken!), abgebildet. In Summe 76 Pharaonen, wobei man nicht legitime oder unbedeutende Herrscher nicht würdigte.

■ Ticketschalter nördl. des Tempels, inkl. Osireion, tgl. 7–17, im Sommer bis 18 Uhr, 100 LE, erm. 50 LE

Osireion
| Altägyptisches Heiligtum |

Hier fungierte einst Schakalgott Chontamenti als Wächter über das Jenseits. Eine Position, die später Totengott Osiris übernahm, der der Legende nach in Abydos begraben wurde. Das Herzstück des Tempels (Maebad Osiriyun) umgaben mit Nilwasser gespeiste Kanäle, die für die alten Ägypter den Urozean verkörperten. Der zentrale Tempelraum ist Symbol des Urhügels und des Beginns der Menschheit. Die Abbildungen im Osiris-Heiligtum zeigen erhellend die kosmologische Vorstellungswelt jener Zeit. Einige der Hieroglyphen gaben reichlich Stoff für fantastische Interpretationen, zeigen sie doch anscheinend Helikopter, eine »Fliegende Untertasse«, einen Kampfpanzer sowie ein U-Boot! Die ernüchternde Erklärung aus der Archäologie: Die Figuren sind aus dem Übereinanderlegen mehrerer Schriftzeichen entstanden.

21 Dendera

Im alten Ägypten war der Hathor-Tempel der Göttin der Liebe geweiht

Am westlichen Nilufer unweit der Stadt Qina, 70 km nördlich von Luxor, erhebt sich mit Dendera (Dandara) einer der besterhaltenen Tempel Ägyp-

Das Osiris-Relief im Totentempel von Sethos I. in Abydos

21 Dendera

Über Jahrtausende konservierte Farbenpracht im Hathor-Tempel von Dendera

tens. Der Wüstensand, der den Komplex bis ins 19. Jh. bedeckte, war hilfreicher Konservator des berühmten Hathor-Heiligtums. Die Göttin mit dem Kuhgeweih hatte eine Vielzahl an Aufgaben, aber in erster Linie war die Schöne der Liebe wegen hochverehrt.

Sehenswert

Hathor-Tempel
| Altägyptischer Tempelkomplex |
Schon im Alten Reich beauftragten die Pharaonen Cheops und Pepi I., der sich »Sohn der Hathor, Herrin von Dendera« nannte, umfangreiche Sakralbauten auf dem Areal. Erhalten ist der Tempel aus ptolemäisch-römischer Zeit (54 v. Chr.). Einzigartig sind die »Hathor-Säulen« mit Hathor-Kapitellen, die das Antlitz der Göttin zeigen, und farbenprächtigen Hieroglyphen rundum. Das Hypostylon, das 24 Säulen säumen, symbolisiert aus dem Ursumpf wachsende Papyruspflanzen. Was indes an den mysteriösen »Glühbirnen«, an die die Reliefs an den Süd- und Nordwänden der Krypta erinnern, dran ist, die den Autor Erich von Däniken beschäftigten, ist aus ägyptologischer Sicht in den Inschriften erklärt: Es handelt sich um eine Allegorie der allmorgendlichen Wiedergeburt der Sonne. Auch die Reliefs von aufrecht gehenden Pavianen sind skurril. Am Tempeldach ist ein Bild des Tierkreises angebracht – eine Kopie, das Original nahm sich Napoleon für den Louvre mit. Die südwestliche Tempelrückwand wartet mit Löwenköpfen auf, die als Wasserspeier dienten, und mit einem der wenigen Monumentalbildnisse Kleopatras (VII.) mit Sohn Caesarion. Klein zwischen beiden ist dessen Vater abgebildet: Gaius Julius Cäsar.

■ Machmae Maebad Dandara, am Westufer des Nils, 5 km nördl. von Qina, tgl. 9–17, im Winter 16 Uhr, 100 LE, erm. 50 LE

Übernachten

 Übernachten

Die Megacity Kairo bietet preiswerte, saubere Unterkünfte in der Downtown. An der Nil-Corniche und auf den Nilinseln liegen große Stadthotels der internationalen Ketten, die oft deutlich preiswerter sind als in Europa und herrliche Terrassen, Pools, Spa- und Fitnessbereiche haben. Zu empfehlen sind auch Hotels mit Blick auf die Pyramiden. Um Al-Fayyum und die Oasen Farafra und Bahariyya bieten sich Öko-Wüsten-Lodges an, während die Städte am Nil südwärts bis Dendera meist nur von Nilkreuzfahrten angesteuert werden.

Kairo 40

€ | Paradise Boutique Hotel Sauber, preiswert, zentral in der Downtown. Schöne, geräumige Zimmer. Absolut zu empfehlen! Das Ägyptische Museum und der Abdeen-Palast sind zu Fuß zu erreichen (15 Min.), kostenloser Flughafentransfer ■ Sh. al-Fawalah, Ecke Sh. 26 Julyu, 11511 Kairo, Tel. 022/ 396 04 22 Mobil: 01 06/977 76 74

€–€€ | Hotel Windsor Kairo Eine stilechte Zeitreise in das Kairo der britischen Kolonialära, in Top-Lage im Herzen von Downtown, mit der besten Hotelbar der Metropole (»Barrel Bar«). Wählen Sie aber ein Deluxe-Zimmer, das nur unwesentlich mehr kostet! ■ Sh. Alfi 19, 11511 Kairo, Tel. 02/259 52 77 oder 02/591 58 10, www.windsorcairo.com

€€€ | Cairo Marriott Hotel & Omar Khayyam Casino Eine der besten Adressen der Millionenstadt, im wunderschönen Zemalek-Palast im Botschafts- und Galerienviertel auf der Nilinsel Gezira, Top-Lage und Spitzenservice, ausgezeichnetes Restaurant. Ein moderner Traum aus 1001 Nacht. ■ Sh. Saray el-Gezira 16, 11211 Kairo, Tel. 02/728 30 00, www.marriot.de

Gizeh 55

€€ | Pyramids Valley Boutique Hotel Hier können Sie der Sphinx von der riesigen Privat-Terrasse aus einen Gutenachtkuss zuwerfen. Traumblick auf die Chephren-Pyramide, Kingsize-Komfortbetten, wunderbares Frühstück inkl. Gehobene Preise im Hotelrestaurant, die es aber wert sind! ■ Sh. Abo al-Hol 25, 12557 Gizeh, Tel. 01 02/ 745 97 23, www.pyramidsvalley.com

€€€ | Marriott Mena House Luxuriös, mit herrlichen Gärten, Pool-Bereich, Kinderbecken, Komfort-Zimmern und ausgesprochen guter Küche, Frühstück exkl. ■ Pyramids Rd. 6, 12556 Gizeh, Tel. 023/377 32 22, www.marriot.de

Oase Bahariyya 61

€–€€ | Ahmed Safari Camp Wüsten-Bungalow-Hotel im Palmengarten der Oase, sauber, komfortabel, mit gemütlichem Tee-Kaffeehaus, Top-Service, feines Restaurant und Touren in die Weiße und Schwarze Wüste. Die beste Adresse in puncto Preis-Leistungs-Verhältnis! Die Thermalquelle liegt nur 5 Min. zu Fuß entfernt. ■ Sh. Abd el-Moneim Riad, 12935 Bawiti, Bahariyya-Oase, Tel. 01 22/117 95 21

Oberägypten: Von Luxor nach Abu Simbel

Vom »Theben der 100 Tore« mit Pharaonengräbern und Tempeln den Nil stromaufwärts zu den Schätzen Nubiens

Karnak, im Norden von Luxor am Ostufer des Nils, gilt nach Angkor Wat in Kambodscha als weltgrößtes religiöses Tempelensemble. Das Amun-Heiligtum war mit dem Luxor-Tempel über eine mit Widdersphingen gesäumte Allee verbunden. Auf der Westbank der antiken Metropole Theben, die während ihrer Blütezeit vor 3000–4000 Jahren über 1 Mio. Einwohner beherbergte, warten die Memnon-Kolosse, der Totentempel der Hatschepsut und die Felsengräber der Pharaonen in den Tälern der Königinnen und Könige. Darunter ist das des Tutanchamun das berühmteste. Auf dem Weg nach Abu Simbel, dem monumentalen Felsentempel im Süden, lohnt nicht nur der herrliche Doppeltempel von Kom Ombo, sondern auch die landschaftlich am schönsten gelegene Stadt Nubiens: Assuan an den Stromschnellen des 1. Nil-Katarakts. Unterhalb des Staudamms im riesigen Nassersee locken die Tempel von Philae und Kalabscha.

In diesem Kapitel:

22 Luxor		72
23 Oase Charga		85
24 Oase Dachla		86
25 Esna		87
26 Edfu		88
27 Kom Ombo		89
28 Assuan		90
29 Kalabscha		96
30 Amada		97
31 Abu Simbel		98
Übernachten		101

ADAC Top Tipps:

6 Westbank von Theben, Luxor
| Nekropole |
Das Reich der Toten am Westufer des Nils vereint mehr Fundstätten als der Rest des Landes. Vieles liegt noch vergraben im Wüstensand und versteckt in den schroffen Bergtälern. 79

7 1. Nil-Katarakt, Assuan
| Landschaft |
Zu den bezauberndsten Ausblicken, mit denen das alte Pharaonenreich aufwartet, zählt der 1. Nil-Katarakt mit seinen Felseilanden und der antiken Insel Elephantine. 93

 Abu Simbel
| Felsentempel |
Mit dem großen und kleinen Felsentempel setzte Ramses II. sich und seiner Lieblingsfrau Nefertari ein monumentales Denkmal, das vor dem Untergang bewahrt wurde. 98

ADAC Empfehlungen:

 Karnak, Luxor
| Altägyptischer Tempelkomplex |
Groß, größer, Karnak! Ein jeder Pharao, der etwas auf sich hielt, baute hier zu Ehren der Götter einen Tempel. 76

 Feluken-Fahrt zum Sonnenuntergang, Luxor
| Erlebnis |
Ein Segeltörn auf dem Nil ist eine romantische Erfahrung. 79

 Oase Dachla
| Oase |
Die einstige Obst- und Kornkammer der Pharaonen und Römer lockt Abenteurer, Erholungssuchende und Archäologie-Fans in die Wüste. 86

 Doppeltempel von Kom Ombo
| Altägyptischer Tempel |
Der krokodilköpfige Gott Sobek war der Herr im halben Haus – die andere Hälfte gehörte Haroëris, dem späteren Falken-Lichtgott Horus. 89

 Nubisches Museum, Assuan
| Volkskundemuseum |
Das moderne Museum wartet mit Schätzen Nubiens aus über 6500 Jahren Geschichte auf. 95

 Isis-Tempel von Philae, Assuan
| Tempelinsel |
Bezaubernder als das Heiligtum der Göttin Isis auf dem Angilkia-Eiland im Nassersee liegt wohl kaum ein anderer altägyptischer Tempel. 95

 The Terrace im Old Cataract Hotel, Assuan
| Restaurant |
Beim Traumblick auf den 1. Nil-Katarakt lässt sich herrschaftlich wie ein englischer Lord dinieren. 96

22 Luxor (Al-Uqsur)
Eines der größten Freilichtmuseen der Welt

Der Pylon des Luxor-Tempels und das Minarett der Abu-l-Haggag-Moschee am Nil

 Information

■ TIO, am Bahnhofsplatz, Midan al-Mahattat, Tel. 095/237 22 15, tgl. 8–20 Uhr
■ Parken: siehe S. 78

Mit etwa einer halben Million Einwohner liegt Luxor (Al-Uqsur) zauberhaft am Beginn eines rund 150 km langen Mäanders des Nils. Kein anderer Ort Ägyptens veranschaulicht deutlicher als das antike Theben die monumentale Pracht des Neuen Reichs mit den Tempeln von Luxor und Karnak am Ostufer des Stroms und dem »Reich der Toten« auf der Westbank. Mindestens zwei Tage sollten Sie einplanen, um einen Eindruck dessen zu bekommen, was über knapp 700 Jahre das religiöse und kulturelle Zentrum des alten Ägypten war, von ungefähr 2000 v. Chr. bis 1300 v. Chr., bis sukzessive wieder Memphis (S. 60) und in der Spätzeit Bubastis (S. 35) und Tanis (S. 34) im Nildelta der einstigen Metropole den Rang streitig machten.

Am Ostufer des Nils

Über die heilige Hauptstadt des Neuen Reichs wachte eine Göttertrinität

Das moderne Stadtzentrum von Luxor mit dem Luxor-Tempel an der Flaniermeile der Nil-Corniche ist überschau-

Am Ostufer des Nils I Luxor 22

Plan
S. 75, 81

bar. Im Luxushotel Winter Palace erwartete bereits die britische Elite im 19. Jh. die Kunde von herausragenden Entdeckungen im Tal der Könige. Die Basare, die sich in den Gassen nordöstlich des Tempels bis ins Bahnhofsviertel erstrecken, sind zwar sehr touristisch, aber dennoch ein orientalisches Festival für die Sinne. Zum Auftakt der Stadterkundung bietet sich ein erster Tempelbesuch an, gefolgt vom Mumifizierungsmuseum und dem hervorragenden Luxor-Museum. Nach einer Siesta über die Nachmittagshitze sollte man sich zum Sonnenuntergang hin ausreichend Zeit nehmen, das immense Areal des Karnak-Tempels bis in die Nacht hinein zu erkunden, wenn der Papyrus-Säulenwald herrlich ausgeleuchtet im Kunstlicht erstrahlt.

Sehenswert

❶ Luxor-Tempel
| Tempel |

Mitten im Zentrum erhebt sich am Nilufer weithin sichtbar der Luxor-Tempel (Maebad al-Uqsur), der auf jeder Ägypten-Rundreise zu den absoluten Fixpunkten zählt. In der heutigen Form geht er auf die Regierungszeit von Pharao Amenophis III. zurück (um 1388–1351 v. Chr.). Der Tempel war der thebanischen Götter-Triade aus Amun (Sonne), Mut (Erde) und Chons (Mond)

ADAC *Spartipp*

Mit dem **Luxor Pass** können Sie fünf Tage alle Sehenswürdigkeiten von Luxor und der Westbank besichtigen. Aufgrund der Fülle an Tempeln, Gräbern und Museen rechnet sich der Kauf, es sei denn, Sie haben vor, nur einen Tag zu verweilen. Der **Premium Pass** beinhaltet auch die Besichtigung der zwei eindrucksvollsten Gräber im Tal der Könige und im Tal der Königinnen: Sethos I. und Nefertari (sonst 1000 LE u. 1200 LE). Erhältlich nur am Eingang zum Tal der Könige und beim Karnak-Tempel. *Luxor Pass 90 €, erm. 45 €; Premium Pass 180 €, erm. 95 €. Wenn Sie bereits einen Cairo Pass besitzen, erhalten sie 50 % Rabatt auf den Luxor Pass.*

Luxor

geweiht. Sukzessive erweiterten die Nachfolger den Tempel, allen voran Ramses II. (S. 98), dessen kolossale Statuen vor dem 1. Pylon am Eingang zum ersten Säulenhof einen enormen Obelisken zieren. Die fehlende Zwillings-Steinnadel haben Paris-Reisende sicher von der Place de la Concorde in Erinnerung. Sie war ein »Geschenk« von Muhammad Ali Pascha im Gegenzug für eine Uhr an seiner Alabastermoschee in Kairo (S. 50), die jedoch nie funktionierte. Selbst Alexander der Große verewigte sich im Allerheiligsten, dem Tempel des Amun. Eingemeißelt in die Pylon-Außenwand sind Szenen von Ramses II. aus dem Krieg gegen die Hethiter, etwa von der berühmten Schlacht von Kadesch. Die Säulenhöfe und -durchgänge mit Papyrussäulen sind mit denen in Karnak die imposantesten Zeugnisse.

Nicht verpassen sollten Sie beim Rundgang die Paar-Statue von Tutanchamun und seiner Frau Anchesenamun, westseitig am Anfang des 1. Durchgangs, und die Reliefs im »Geburtsraum« östlich in einem Seitentrakt etwa auf Höhe des Allerheiligsten. Hier nimmt Amenophis III. mit frappanten Parallelen die christliche Weihnachtsgeschichte vorweg. So kündigt der Götterbote Thos in der mittleren Reihe Amenophis' Mutter die Geburt eines Kindes an. Als Amun das Neugeborene präsentiert wird, erkennt der Gott dieses als seinen Sohn an.

Teile des Tempelkomplexes wurden einst auch von koptischen Christen als Kirche genutzt, wovon exzellent erhaltene Fresken südöstlich des Allerheiligsten zeugen, aber auch herausgemeißelte »Götzenbilder« – Vandalenakte, die fanatischen frühen Christen zugeschrieben werden. Nicht zu übersehen ist auch die Abu-l-Haggag-Moschee, die über dem Tempelareal thront und dem Stadtheiligen gewidmet ist (S. 79). Unter dem heiligen Boden sind Ausgrabungen tabu, doch markiert das Grundstück anschaulich, wie tief der Luxor-Tempel unter Wüstensand, Schutt und Erde begraben lag. Was zum exzellenten Erhaltungsgrad der Anlage entscheidend beigetragen hat.

■ An der Corniche, Zugang neben der Moschee, Sh. Maebad al-Uqsur, tgl. 8–21, im Sommer bis 22 Uhr, 140 LE, erm. 70 LE

❷ Mumifizierungsmuseum
| Museum |

Anhand exzellenter Exponate gibt dieses kleine, aber überaus gut strukturierte Museum (Mathaf al-Tahnit) einen umfassenden Überblick über die hohe Kunst der Mumifizierung, von originalen Werkzeugen und Kanopen (Gefäßen für die entnommenen Organe) bis zu Abbildungen aus den grundlegenden »Büchern« über den Weg ins Jenseits – und natürlich Mumien (auch die eines Krokodils).

■ An der Corniche, tgl. 9–21 Uhr, 100 LE, erm. 50 LE

❸ Luxor-Museum
| Archäologisches Museum |

Eine wundervolle, repräsentative Auswahl altägyptischer Exponate bietet

---

Gefällt Ihnen das?

Wollen Sie mehr von Ramses II. sehen? Dann besuchen Sie neben dem Luxor-Tempel auch das **Ramesseum**, seinen Totentempel (S. 80), eine **Kolossalstatue** im alten Memphis (S. 60) sowie den Felsentempel **Abu Simbel** (S. 98).

Luxor

Die Kolossalstatue des Pinudjem II. (links) vor dem Großen Säulensaal von Karnak

das moderne Luxor Museum (Mathaf al-Uqsur). Herrliche Statuen fehlen ebenso wenig wie Waffen, Schmuck, Alltagsgegenstände und Mumien. Ein wandfüllendes Relief aus Tell el-Amarna (S. 64) sowie Funde vom Areal des Luxor-Tempels und aktuellen Ausgrabungen im Tal der Könige zählen zu den Highlights.

■ An der Corniche, etwa auf halbem Weg zwischen dem Luxor-Tempel u. Karnak, tgl. 9–16 u. 17–22 Uhr, 140 LE, erm. 70 LE

❹ Karnak

| Altägyptischer Tempelkomplex |

 Der mit Abstand größte Tempelkomplex des alten Ägypten

Der Karnak-Tempel, nach Angkor Wat der zweitgrößte Tempelkomplex der Welt, ist dem Reichs- und Sonnengott Amun-Re geweiht, dem von knapp 2150 v. Chr. bis weit in die römische Ära hinein gehuldigt wurde. Schier unglaublich ist die Monumentalität der Anlage, in der sich im Neuen Reich (nach dem Sieg über die Hyksos) so gut wie jeder Pharao – und die Pharaonin Hatschepsut – baulich einbrachte. Schon beim Zutritt über die beiderseits von Widdersphingen gesäumte Allee zum 1. Pylon kommt man sich als Mensch winzig klein vor. 113 m breit, 15 m dick und über 40 m hoch war der Eingangs-Torbau – einer von zehn in dem ca. 30 Hektar umfassenden heiligen Bezirk des einstigen Theben. Angegliedert sind der Mut- (südl.) und der Month-Tempel (nördl.), die zusammen nochmals ca. 11 Hektar bedecken. Eine Sphingen-Allee mit je 365 Widdern links und rechts verband das Heiligtum mit dem Luxor-Tempel, ca. 2,5 km südlich. Sukzessive soll die Prachtallee wiederhergestellt werden. Im ersten Vorhof bekommt man mit der Säule des Taharqa einen Vorgeschmack auf den »Großen Säulensaal« (Hypostylon). Es ist ein Wald aus Papyrusbündelsäulen (134) in 16 Reihen, je über 22 m hoch. Der Anblick mit dem hereinfallenden Sonnenlicht ist nicht zu übertreffen. Zugleich ist es auch einer der besterhaltenen Tempelteile des Areals. Nicht zu übersehen ist der 30 m hohe Obelisk der Hatschepsut. Im Tempelteil des Thutmosis III. Richtung Osten ist die originale Farbgebung an den Säulen der sogenannten Festhalle, der Decke und den Wänden sehr gut erhalten. Man nennt den angegliederten Westteil zu Recht auch den »Botanischen Garten«, da der Pharao in den kunstvollen Reliefs eine Fülle an Pflanzen und Tieren abbilden ließ. An den Wänden des Tempels von Ramses II. ganz im Osten der Anlage finden sich die Belege des ersten überlieferten Friedensvertrags der Menschheit: nach der Kadesch-Schlacht mit den Hethitern.

Im Blickpunkt

Die Götterwelt im alten Ägypten

Das altägyptische Pantheon ist riesig, hier seien daher nur die allerwichtigsten Gottheiten vorgestellt:

Sonnengott Re, dargestellt mit seiner Sonnenbarke, die über das Firmament zieht, oder als das linke »Sonnenauge«, aber auch als Widderkopf, ist der Vater der Pharaonen und steht an oberster Stelle. Einzig Echnaton (S. 65) rüttelte an diesem Fundament, indem er einen Ein-Gott-Glauben um Aton einzuführen suchte, was ihn zum Ketzer verdammte.

Nut ist die Himmelsgöttin, oftmals dargestellt als ein den Sternenhimmel umspannender gestreckter Körper.

Isis, die Göttin der Geburt, wird meist als zierliche Frau abgebildet, mitunter mit Kuhgeweih oder Sonnenscheibe.

Osiris ist der das Totenreich beherrschende Gemahl und Bruder von Isis, zugleich Gott des Nils. Er wird meist als Mumie mit gar grünlich-blauem Gesichtston gezeigt.

Seth ist der Bruder von Isis und Osiris und gemäß dem Mythos Osiris' Mörder – eine sehr vielseitige Göttergestalt, dem Chaos und Verderben ebenso zugerechnet werden wie der Schutz von Oasen.

Horus mit Falkenkopf ist der Welten- und Lichtgott sowie Beschützer der Kinder. Er diente Pharaonen als Vorbild, die sich einen »Horus-Namen« gaben.

Hathor ist die Göttin der Liebe, Schönheit, Kunst, Musik, des Tanzes und Friedens. Die Pharaonen-Mutter wird häufig wie Isis mit Geweih und Sonnenscheibe abgebildet.

Anubis mit dem Schakal- oder Hundekopf ist der Gott der Bestattungsriten und Mumifizierung. Er wird meist und bis in die griechisch-römische Zeit mit dem Herzen des Verstorbenen in den Händen dargestellt.

Sobek, der Krokodilgott, herrschte über das Wasser und die Fruchtbarkeit.

Ptah gilt als Gott der Handwerker und findet sich etwa in Deir el-Medina (S. 81) oft an den Gräbern der Künstler, die im Tal der Könige arbeiteten.

Bastet, die Katzengöttin (S. 35), ist nicht zu verwechseln mit der löwenköpfigen Kriegsgöttin Sachmet oder der Totenfresserin Ammit.

Luxor

Der »Heilige See« wird mit Grundwasser gespeist und ist ein beliebter Fotospot. Davor liegt die abgetrennte Spitze eines weiteren Hatschepsut-Obelisken. Ein Ritual um eine Skarabäus-Statue soll Liebes- und Kinderwünsche erfüllen (7x herumgehen!).

Im südlich der Großen Säulenhalle gelegenen Tempel des Mondgottes Chons, der die typische Tempelbauweise im kleinen Rahmen aufzeigt, gibt es eine putzige Statue des Gottes in Form eines Pavians zu entdecken.

Aufgrund der vielen Eindrücke (über 200 Gebäude in Summe) sehen viele Besucher vom Mut-Heiligtum (derzeit geschl.) ab. Hier standen einst über 570 Statuen der löwenköpfigen Göttin Sechmet, die der seinerzeit bereits schwer erkrankte Erbauer, Pharao Amenophis III., in Auftrag gegeben hatte. Das Heiligtum seiner Schutzgöttin ist von einem weiteren, halbmondförmigen Heiligen See umgeben, der dazu diente, die Macht der Göttin zu schützen. Diese Tempelanlage liegt daher unglaublich malerisch. Planen Sie in Karnak mindestens zwei Stunden für einen stressfreien Besuch ein!

■ Zugang über die Corniche, die auf der Höhe des Tempelareals Sh. Foundouk al-Nile Hilton heißt, tgl. 7–22, im Winter 21 Uhr, 150 LE, erm. 75 LE, Doppelticket mit Freilichtmuseum im Nordwesten des Areals 200 LE, erm. 100 LE, Mut-Tempel (zzt. geschl.) 50 LE, erm. 25 LE, Freilichtmuseum 60 LE, erm. 30 LE, offizieller Fremdenführer (auch auf Deutsch) 250 LE/Std.

Souks
| Basar |

Das Souvenirangebot auf den Souks ist riesig, die Preise sind hoch, und nicht selten finden sich chinesische Billigwaren in den Geschäften. Wer etwas kaufen möchte, sollte darauf eingestellt sein, lange zu feilschen!

■ Sh. Abd el-Hamed Taha, vom Kreisverkehr vor dem Luxor-Tempel in nördlicher Richtung, tgl. 9–24 Uhr

Parken

Stellplätze an der Corniche oder vorm Luxor- und Karnak-Tempel. Die meisten Hotels am Ostufer haben zudem bewachte Parkplätze.

Restaurants

€–€€ | **Mahmoud Oum Hachim** Typisch ägyptisches Grillrestaurant am Nordende der Souks. Feine Vorspeisen und exzellente Lammkoteletts! ■ Sh. Abd al-Hamid Taha, Tel. 01 06/292 35 51, tgl. 11.30–23 Uhr, Plan S. 75 b4

Einkaufen

El Nouby Spices Hier können Sie sich mit Malven- und Lotusblüten, Tee und türkischem Kaffee eindecken. Aber feilschen Sie, und zwar hart, aber herzlich! ■ Am südl. Anfang der Souks auf der rechten Seite, Tel. 01 00/772 55 47, tgl. 10–23.30 Uhr, Plan S. 75 b4

Kinder

Animal Care Egypt Die NGO kümmert sich liebevoll um Pferde, Kamele, Hunde und Katzen – und alle anderen Spezies, die in Not sind. Beim Besuch kann man mithelfen, etwa bei der Fütterung oder dem Striegeln. Spenden, auch Naturalien, sind immer willkommen. ■ Sh. al-Habil, stadtauswärts Richtung Cairo–Aswan Rd., Tel. 01 00/045 29 29, www.ace-egypt.org.uk, Sa–Do 9–17 Uhr, Plan S. 75 südl. c5 (2,5 km)

Westbank von Theben | Luxor

 Events

Im Mai findet das farbenfrohe **Pilgerfest zum Geburtstag des Stadtheiligen Abu-l-Haggag** statt, Obsthändler ziehen mit Früchten beladen zu Ehren ihres Schutzpatrons durch die Stadt.

 Erlebnisse

⑭ **Feluken-Fahrt zum Sonnenuntergang** Unvergesslich ist ein Segeltörn auf dem Nil zum Sonnenuntergang, wenn die Lichtstimmung herrlich ist. Das Bad im Nil, das der Kapitän vorschlägt, ist erfrischend, doch nicht ganz risikofrei (S. 128). ▪ Die Anlegestelle befindet sich beim Iberostar-Luxor-Hotel, südl. des Winter Palace, Plan S. 75 a5, Abfahrt zwischen 16 u. 17 Uhr, Dauer 1–1,5 Std., 100–150 LE, zu empfehlen sind die Kapitäne Mohamed el Azab Abas auf der »Blue Peter«, Tel. 01 14/588 33 87 (auch für mehrtägige Fahrten nach Assuan), und Mahmoud Said auf der »Gazaal«, Tel. 01 00/977 41 21

Westbank von Theben

 In den Fußstapfen von Grabräubern und Entdeckern

 Information

▪ Es gibt vier Ticketschalter: Der Hauptschalter liegt knapp 1 km westl. der Memnon-Kolosse (wo man die meisten Eintrittskarten lösen kann), beim Tal der Königinnen, beim Hatschepsut-Tempel (für den Totentempel) und beim Tal der Könige. Meist sind hier 6–8 Gräber wechselnd der Öffentlichkeit zugänglich. Drei »normale« sind im Eintrittspreis inkl. Tickets für spezielle Gräber wie jene von Tutanchamun, Sethos I. oder Ramses VI. müssen separat gekauft werden.

ADAC *Mobil*

Da die einzige Nilbrücke rund 7 km südlich liegt, ist die **Nilfähre** (einfache Überfahrt zum Westufer 5 LE, Pier beim Mumifizierungsmuseum) eine praktische Variante, überzusetzen. Auf dem Westufer kann man sich dann ein Taxi schnappen, teils lassen sich die Monumente auch zu Fuß erkunden. Praktisch ist es, für 4–6 Std. einen Privatchauffeur zu buchen oder eine Pauschale mit dem Taxifahrer auszuhandeln (maximal 400–600 LE inkl. Bakschisch). Hotels bieten auch preiswerte Gruppentouren mit klimatisierten Kleinbussen (ab 80 LE, ohne Eintritt) an. Die Ausführungen der Fremdenführer sind dabei meist sehr oberflächlich, und es bleibt nur sehr wenig Zeit, die Orte zu erkunden. Eine von einem offiziellen Fremdenführer, meist studierte Ägyptologen, begleitete Tour kostet 1000–1200 LE (7–8 Std., Tageshonorar), ohne Eintritt und Fahrer.

Im »Reich der Toten« am Westufer des Nils erwarten Sie auf vergleichsweise engem Raum zahllose Topsehenswürdigkeiten: monumentale Statuen, ausgedehnte Tempelanlagen und reich verzierte Pharaonengräber, von Tutanchamun bis Nefertari. Es lohnt sich, wegen der ab 10–11 Uhr einsetzenden Hitze bereits gegen 7 Uhr zu starten. Nach einem kurzen Selfie-Stopp bei den Memnon-Kolossen sollten Sie unbedingt Medinat Habu, Deir el-Medina, den Hatschepsut-Tempel in Deir el-Bahari sowie das Tal der Könige besichtigen. Als Draufgabe bieten sich eines der schönsten Gräber (Nefertari oder Sethos I.), das Howard-Carter-Haus und evtl. das Ramesseum an. Über eine asphaltierte Straße gelangt man mittlerweile direkt zum Parkplatz und Besucherzentrum am Taleingang. Ein Touristenzug (3 LE hin und zurück), wie er sonst Mitarbeiter von Bergwerken zu den Stollen bringt, setzt einen just vor den ersten Gräbern ab.

6 Memnon-Kolosse
| Monumentalstatuen |

Die »Wächter« an der Zufahrt zu den Sehenswürdigkeiten der Westbank sind gleich das erste Highlight: zwei mächtige Statuen, sitzende Riesen aus Sandstein, jeweils 15–18 m hoch. Die letzten Überbleibsel des Totentempels des Amenophis III. galten in der Antike als ein Weltwunder. Die Ptolemäer hielten jene fälschlicherweise für Abbilder des griechisch-mythologischen Äthiopier-Königs Memnon, Sohn der Göttin der Morgenröte Eos. Eine Verballhornung, da Amenophis auch Meiamon (»der von Amun Geliebte«) hieß.

 Al-Bairat, Eintritt frei

7 Medinat Habu
| Totentempel |

Keinesfalls auslassen sollten Sie den ebenso kolossalen wie prächtig mit vielfarbigen Reliefs und Hieroglyphen verzierten Tempel von Ramses III. Über 22 m hoch ist der Eingangspylon, das Tempelareal bedeckte einst über 24 000 m². Die Wandbilder zeigen die typische Szene des Pharaos, wie er mit einer Keule Feinde erschlägt, neben detailreichen Schlachtdarstellungen. Aber auch Siegesparaden und gefangene Feinde (Libyer und Syrer) sind klar zu erkennen. An den Säulen des 1. Hofs hat sich die originale Farbgebung seit Jahrtausenden erhalten. Richten Sie den Blick nach oben, wenn Sie durch die Durchgänge schreiten: Die Türstürze sind herrlich bemalt!

 Al-Bairat, tgl. 8–17 Uhr, 80 LE, erm. 40 LE

8 Ramesseum
| Totentempel |

Das Beeindruckendste auf dem weitläufigen Areal des Ramesseums (Al-Ramsium) ist mit Sicherheit die umgestürzte Statue des Pharaos Ramses II. Allein deren Ohren sind über 1 m lang, der Brustumfang stattliche 7 m, der Fingernagel des Zeigefingers immerhin 20 cm. Man schätzt ihr Gesamtgewicht bei 18 m Höhe auf über 2000 Tonnen. Das Innere wartet mit nicht minder monumentalen Säulenhallen und Schlachtszenen auf, und alle Wandreliefs rühmen das militärische Genie des Pharaos, das wohl mehr ein propagandistisches war. Südlich des Areals sind die Lehmziegelbauten, die als Getreidespeicher, Stallungen, aber auch Bäckereien dienten, gut erhalten.

 Al-Bairat, tgl. 8–17 Uhr, 80 LE, erm. 40 LE

9 Gräber der Adeligen
| Nekropole |

In dieser Nekropole (Al-Qubur al-Nubla') ließen sich die hohen Adeligen zu Grabe tragen. Unbedingt sehenswert ist das Grab des Nacht (TT52, Zusatzticket), Schreiber, Berater und Astronom des Pharaos Thutmosis IV. Es zählt zu den am schönsten dekorierten des Dorfes und zeigt den »Starken«, so sein Name übersetzt, beim Fischfang, Weinkeltern, Ernten – und das oftmals mit seiner Ehefrau. Das Grab des Schreibers Ramose (TT55, Zusatzticket) veranschaulicht überdies die Evolution hin zu feinerer, perspektivischer Kunst in der Armarna-Phase unter Pharao Echnaton und Nofretete. Die Abbildung der Begräbnisprozession und der Trauernden im großen Grabmal sind Meisterwerke.

■ Tgl. 8–17 Uhr, 40 LE, erm. 20 LE, besondere Gräber extra, z. B. Ramose 60 LE, erm. 30 LE

⑩ Deir el-Medina
| Dorf der Nekropolenarbeiter |

Eine der Topsehenswürdigkeiten der Westbank! Hier lebten die Baumeister, Künstler und Handwerker, die die Grabanlagen der Herrscher und Noblen errichteten und verzierten. Und sie wurden teils in ebenso prächtigen Gräbern bestattet, die sie in Eigenregie in den Berg trieben und mit anschaulichen Alltagsszenen dekorierten. Das Grab des Sennedjem (TT1) zeigt die Bestattungsrituale für den Verstorbenen. Weiterhin bekommt man in Deir el-Medina einen Einblick in das häusliche Leben, da die Grundrisse der Wohnhäuser deutlich erkennbar sind.

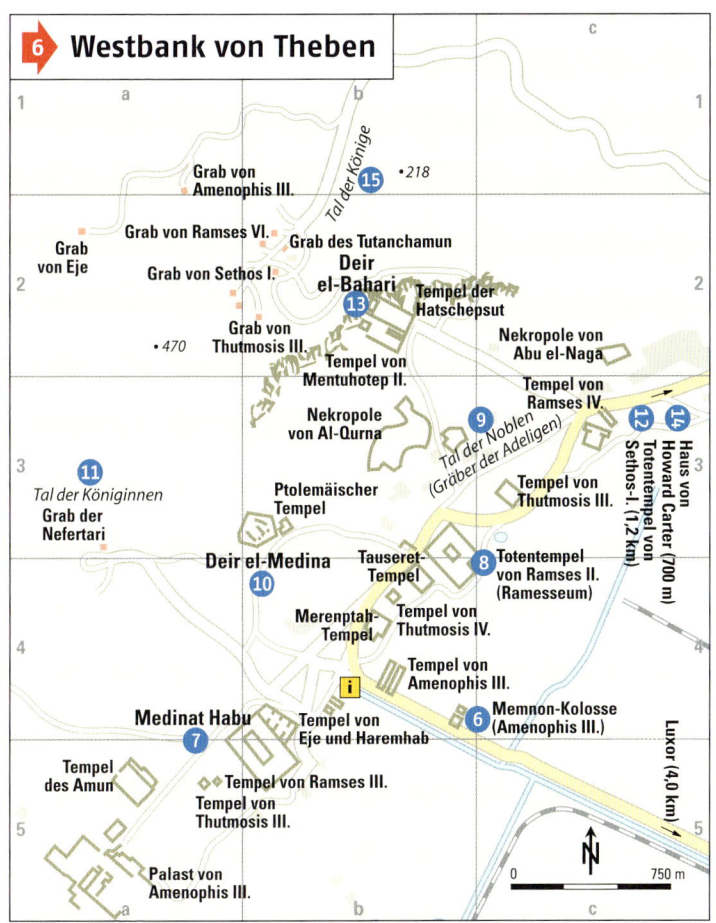

Luxor

Im Blickpunkt

Grabräuber

Bereits seit der Pharaonenzeit war der Grabraub eine lukrative Tätigkeit – und ist es bis in die Neuzeit geblieben. Nicht selten lebten die Täter in den Siedlungen der Westbank und waren selbst am Bau und an der Grabgestaltung beteiligt. So wussten sie um den Standort der versteckten Schatzkammern. Die Beute, wie Edelmetalle, wurde meist eingeschmolzen oder auf Basaren verkauft. Hier witterten auch die Archäologen im 18. und 19. Jh. bereits manch großen Fund. Aus der Ära von Ramses II. ist der Prozess gegen einen gewissen Paneb aus Deir el-Medina dokumentiert, der als Vorarbeiter Gräber beraubt haben soll, sich aber zunächst durch Bestechung vor der Bestrafung retten konnte. Wahrscheinlich wurde er, wie eine Notiz auf einer Tonscherbe berichtet, dennoch später zum Tode verurteilt und hingerichtet. Wie das »Grabräuber-Dorf« Al-Qurna mit der Nekropole der Adeligen, wo Wohnhäuser gar direkte Zugänge zu Gräbern hatten, wird auch das Dorf Qurnet Murai bald Ort neuer Ausgrabungen unter der Schirmherrschaft des Archäologieministeriums (MFA) und der UNESCO sein, weil man weitere Gräber im Hügel vermutet. Die hiesige Bevölkerung wurde bereits teilweise umgesiedelt.

Schreiber dokumentierten das Leben im Weiler mit altägyptisch-gewohntem bürokratischem Eifer: Arbeitsleistungen, Lebensmittelrationen und Krankenstandstage. In einem Schacht nördlich des Hathor-Tempels gefundene Ostraka (Aufzeichnungen auf Tonscherben) waren ein besonderer Schatz anderer Art für die Archäologie. Das Grab des Aufsehers Iniherca (TT359) ist vom Dekor her eines der schönsten. Das von Djar (T366) indes zeigt Handwerker bei der Arbeit und liegt bereits in der Nebennekropole von Al-Asasif, dem Ruheplatz für die höchsten Beamten.

Die bislang größte und bekannteste Anlage der gesamten Westbank ist die des Priesters Pedamenopet (TT33): insgesamt 22 Räume auf drei Stockwerken, bis auf 20 m Tiefe im Erdreich, über 100 m lang und mit detailreichster Ausgestaltung. Aktuell konzentrieren sich hier die Forschungen zahlreicher Ägyptologen-Teams.

■ Deir el-Medina, tgl. 8–17 Uhr, 100 LE, erm. 50 LE, Al-Asasif 60 LE, erm. 30 LE, bestimmte Gräber nur mit Zusatzticket

⓫ Tal der Königinnen
| Felsengräber |

Westlich des Totentempels von Ramses III. (Medinat Habu) verläuft der mit Königinnen-, Fürsten- und Prinzengräbern sowie denen hoher Beamter und Priester gesäumte Taleinschnitt des Tals der Königinnen (Wadi al-Malakat). Neben dem wunderbarsten aller zugänglichen Gräber, dem der Nefertari (s. u.), sind die der Prinzen Chaemwaset und Amunherchepeschef, beide Söhne von Ramses III. (QV44 u. QV55), wegen ihrer feinen Reliefarbeiten überaus sehenswert. Direkt neben dem

Grab der Nefertari liegt das der Königin Tuja, Mutter von Ramses II. (QV80), das baulich große Ähnlichkeit besitzt.

■ Tgl. 8–17 Uhr, 100 LE, erm. 50 LE, bestimmte Gräber nur mit Zusatzticket

Das **Grab von Nefertari**, der Lieblingsgattin von Ramses II. (S. 98), ist von seinem Wandschmuck und Aufbau her das allerschönste der bisher entdeckten. Jahrelang war das Grabmal mit der Nr. QV66 für Besucher aus Gründen der Erhaltung geschlossen. Auch wenn der Besuch mit umgerechnet knapp 60 € für 10 bis 15 Min. mit Mundschutz (wegen der Luftfeuchtigkeit) teuer ist, sollten Sie dieses oder das andere »Top-Grab« der Westbank, jenes von Sethos I. (S. 84), gesehen haben. Es ist nur eine Frage der Zeit, bis sie für die Öffentlichkeit wieder – und dann womöglich für immer – geschlossen werden.

■ Tgl. 8–17 Uhr, 1200 LE oder Premium Pass (S. 73), evtl. limitierte Tagestickets

⑫ Totentempel von Sethos I.
| Altägyptischer Tempel |

Beim Dorf Al-Qurna liegt ein neben der nahezu megalomanischen Anlage von Dendera (S. 67) weiterer Totentempel des berühmten Pharaos, der mit großem Aufwand restauriert wurde.

■ Al-Qurna, tgl. 8–17 Uhr, 60 LE, erm. 30 LE

⑬ Deir el-Bahari
| Totentempel |

Der wohl bekannteste Totentempel Ägyptens gehört zweifelsohne der berühmten Pharaonin Hatschepsut, die um 1478–1450 v. Chr. regierte. Er schmiegt sich in drei terrassierten Ebenen an die landschaftlich spektakuläre Felswand des Tals. Die am besten erhaltene, aufwendig restaurierte Tempelanlage Ägyptens besticht neben ihrer Monumentalität auch mit herrlichen Wandreliefs, die detailreich die Expedition ins sagenhafte Land Punt im Süden schildern. Für die alten Ägypter war wohl Weihrauch das begehrteste Handelsgut zwischen Somalia und dem Süden der Arabischen Halbinsel. Hatschepsut brachte Weihrauchbäume mit in ihre Heimat, ein abgestorbener Strunk am Eingang zum Tempelareal soll gar in ihrer Zeit gepflanzt worden sein.

■ Deir el-Bahari, tgl. 8–17 Uhr, 100 LE, erm. 50 LE

⑭ Haus von Howard Carter
| Wohnhaus |

Hier verbrachte der berühmte Archäologe Jahre seines Lebens, ehe er den großen Coup landete. Lohnend ist der Besuch nicht nur wegen des tiefen Einblicks in das Archäologenleben im 19. Jh., sondern auch wegen der kompletten Nachbildung des Grabs von Tutanchamun (S. 84).

■ Dar Howard Carter, Kings' Valley Rd., tgl. 8–17 Uhr, 80 LE, erm. 60 LE

⑮ Tal der Könige
| Felsengräber |

Unter einer eindrucksvollen natürlichen Felsklippe, die »das Horn« (arab. al-Qurn) genannt wird, verlaufen die Taleinschnitte, die mit dem Tal der Könige (Wadi al-Muluk) wohl den berühmtesten Friedhof der Welt beherbergen: die Pharaonengräber aus dem Neuen Reich (18.–20. Dynastie, ab etwa 1500–1300 v. Chr.). Halten Sie in der Eingangshalle des Besucherzentrums kurz inne, um das 3-D-Modell mit Querschnitt in den Felsen zu bestaunen. Es zeigt die bislang freigelegten Gräber im Tal und wie die alten Ägypter den Untergrund für Gänge und Grabkammern aushöhlten. Die Gräber werden aus Konservierungsgründen dem Publikum abwechselnd geöffnet. Mit dem regulären Eintritt können Sie drei der »normalen« Gräber besuchen. Zu empfehlen sind das wirklich schön gestaltete Grab des Merenptah (KV8), das vergleichsweise große und nicht minder schöne von Tausret und Sethnacht (KV 14), das enorme »Familiengrab« der Angehörigen und Söhne von Ramses II. (KV5) – das größte bislang freigelegte (ca. 150 Räume!) –, Ramses IV. und VII. (KV2 u. KV1, gleich am Eingang, bequemer Abstieg über Rampen) sowie Haremhab (KV57). Dieses und v. a. das von Thutmosis III. (KV 34), Gemahl von Hatschepsut, wegen seiner militärischen Expansion auch als »Napoleon des alten Ägypten bekannt«, liegen etwas abgelegener im Tal und sind schwerer zugänglich. Das berühmteste Grab ist zweifelsohne das des Tutanchamun (KV62, 250 LE, erm. 125 LE). Doch abseits des Jahrhundertfunds, den Howard Carter 1922 tätigte, ist es vergleichsweise klein und unspektakulär (weil rasch) dekoriert worden. Das Grab von Ramses VI. (KV2, 100 LE, erm. 50 LE) bietet mehr – für weniger ägyptische Pfund. Das imposanteste Grab ist aber sicher das von Sethos I. (s. u.).

■ Kings' Valley Rd., tgl. 8–17 Uhr, 200 LE, erm. 100 LE

Das **Grab von Sethos I.** (KV 17) ist unbestritten das Highlight im Tal der Könige. Es ist das längste (rd. 140 m) und tiefste Grab und birgt nicht weniger als elf Grabräume, die mit Liebe zum Detail den Weg des Pharaos ins Jenseits nachzeichnen, bis zum berühmten »Mundöffnungsritual«, das der Mumie das Essen und Atmen, also folglich das Weiterleben in der Ewigkeit, erlaubt. Der Wandschmuck, prachtvollste, kolorierte Reliefs, stellt alle anderen Gräber hier in den Schatten. Die Darstellung der damals den Ägyptern bekannten Völker – Nubier, Libyer und Syrer, die alle Zutritt zum Jenseits haben, ist berühmt. Sollten Sie nicht das Grab der Nefertari (S. 83) besucht haben, heben Sie sich dieses als krönenden Abschluss Ihrer Westbank-Tour auf!

■ 1000 LE, die es wert sind, oder Premium Pass (S. 73), evtl. limitierte Tagestickets

 Einkaufen

Alabastermanufaktur Sekhmet Einen Einblick in die handwerkliche Herstellung von Alabasterstatuetten und -gebrauchsgegenständen wie vor Jahrtausenden bietet diese Manufaktur mit einer überwältigenden Auswahl im angegliederten Shop. ■ Im Handwerker-Dorf Al-Qurna, Tel. 01 00/346 03 97, tgl. 8–17 Uhr, Plan S. 81 c3

 Erlebnisse

Heißluftballonfahrt zum Sonnenaufgang Für Frühaufsteher bietet sich die einmalige Gelegenheit, den Sonnenaufgang aus luftigen Höhen über dem Nil, der Wüste und den Monumenten Luxors sowie der Westbank zu erleben. Nur hier sind Ballonfahrten in Ägypten bisher erlaubt. Die Konkurrenz ist groß, und die Sicherheitsstandards sind hoch. ■ Abflug zwischen 4.30 u. 6 Uhr, ab 1000–1200 LE p. P. in der Gruppe, fragen Sie an der Hotelrezeption oder unter Tel. 095/227 11 16, www.hodhodsolimanballoons.com, sowie Tel. 095/227 29 60, www.sindbadballoons.com

Eine Grabkapelle auf dem frühchristlichen Friedhof Al-Bagawat in der Oase Charga

23 Oase Charga

Römischer Verbannungsort, frühchristliche Zuflucht, heute Sehnsuchtsziel

 Information

■ TIO, Sh. Gamal 'Abd el-Nasser, Tel. 092/292 12 06, tgl. 8–14 Uhr
■ Ticket für alle Sehenswürdigkeiten der Oase 120 LE, erm. 60 LE

Die Oase (Wahat al-Charidscha) ist seit Jahrtausenden Handelsknotenpunkt an den Karawanenrouten durch die Sahara und an der »Route der 40 Tage« in den Sudan. Neben der Landwirtschaft lebt die Bevölkerung vom Phosphatabbau im Umland und in steigendem Maße vom nachhaltigen Wüstentourismus. Die Senke ist seit der Altsteinzeit besiedelt und war bereits zur Pharaonenzeit von wirtschaftlicher Bedeutung. Frühe Christen suchten ab dem 3. Jh. in der Abgeschiedenheit Zuflucht. Friedhöfe, Klosterruinen und die Kirche des Ortes Ain Schams ad-Din zeugen von den Glaubenspionieren im Exil. Die Altstadt von El-Charga besticht mit einem Gewirr an engen Gassen und verfallenden Lehmziegelbauten. Die moderne Neustadt bietet alles, was man zum Leben in der Wüste braucht. Um den Bassatin-Platz erstrecken sich die Souks. Beliebtes Souvenir aus der Senke ist die lokaltypisch dekorierte Keramik.

 Sehenswert

New Valley Museum
| Archäologisches Museum |
Das moderne Museum (Mathaf al-Wadi al-Dschadid) vereint eine großartige Sammlung archäologischer und ethnografischer Exponate der Senke.
■ Sh. Gamal 'Abd el-Nasser, tgl. 9–16 Uhr, 60 LE, erm. 30 LE

23 Oase Charga

Typische Lehmarchitektur in der Oase Dachla

Hibis-Tempel

| Altägyptischer Tempel |

Der größte und besterhaltene Tempel (Maebad Hibis) in der Westlichen Wüste war dem Sonnengott Amun-Re geweiht. Eine Besonderheit ist, dass Teile der Dekoration in der kurzen Phase persischer Fremdherrschaft unter König Darius I. angebracht wurden, was sich in der Ausführung einzelner Reliefelemente zeigt. Als Schutzgott der Oasen findet sich hier die ambivalente Göttergestalt Seth abgebildet, der Brudermörder von Osiris.

■ 1,5 km nördl. von El-Charga, tgl. 9–17 Uhr, 80 LE, erm. 40 LE

Al-Bagawat

| Frühchristlicher Friedhof |

Die beeindruckendsten Zeugnisse der ersten Christen, die ab dem 3. Jh. die Charga-Senke erreichten, finden sich auf dem weitläufigen Friedhof mit zahlreichen Kapellen und ausgezeichnet erhaltenen Fresken (3.–7. Jh.), die u. a. den »Exodus« der Israeliten unter Moses' Führung zeigen. Fotografie-Fans werden den Finger nicht mehr vom Auslöser bekommen!

■ 5 km nördl. der Oase, tgl. 8–17 Uhr, 50 LE, erm. 25 LE

24 Oase Dachla

 Entspannung, Abenteuer und Antikes in der Westlichen Wüste

Um den Hauptort Mut, Verwaltungszentrum der abgelegensten südwestlichen Oase (Wahat ad-Dachla) in der Libyschen Wüste, gibt es jede Menge zu entdecken. Einmalig ist die auf einem alten römischen Kastell errichtete islamische Festungsstadt (Qasr) im Nordwesten. Aus der Pharaonenzeit stammt die Nekropole von Aïn 'Asil in Qila' el-Dabba (rd. 2300 v. Chr., tgl. 9–17 Uhr, 40 LE, erm. 20 LE). Malerisch liegen um den Hauptort zahlreiche Wüstenseen. Neben einer »magischen Quelle« gibt es einige Thermalquellen mit Becken, aus denen man entspannt auf das einmalige Wüstenpanorama blickt. Hochinteressant ist auch das Bewässerungssystem, das Dachla bereits zur Pharaonen- und Römerzeit zum wichtigen Getreidelieferanten machte und der Oase Wohlstand brachte.

Sehenswert

Deir el-Hagar
| Tempel |
Der unter den Römern angelegte Tempelkomplex, der der thebanischen Triade geweiht war, ist das besterhaltene Zeugnis der Ära. 1874 erreichte der deutsche Afrikaforscher Friedrich Gerhard Rohlfs die Oase, die erstmals auch fotografisch festgehalten wurde.

■ 42 km nordwestl. von Mut, tgl. 9–17 Uhr, 40 LE, erm. 20 LE, Ticket für alle Sehenswürdigkeiten der Oase 120 LE, erm. 60 LE

Qasr ed-Dachla
| Festungsstadt |
Bis in die 1980er-Jahre war die verwinkelte Medina bewohnt, heute ist sie ein Freilichtmuseum der Extraklasse und das architektonische Highlight der Dachla-Senke. Beim Streifzug durch das Ensemble von bis zu vierstöckigen Lehmbauten passiert man Moscheen, wie die Nasr ed-Din (11. Jh.) aus der Ayyubiden-Dynastie, Mausoleen, die Qasr-Medersa, alte Mühlen und Ölpressen. Vereinzelt wurden altägyptische Tempelsteine als Baumaterial verwendet. Das gut sortierte Ethnografische Museum komplettiert die Eindrücke mit Exponaten der seit der Altsteinzeit besiedelten Senke.

■ 30 km nordwestl. von Mut, tgl. 8–17 Uhr, 30 LE, erm. 15 LE, Ethnografisches Museum 5 LE

25 Esna

Heiligtum für den widderköpfigen Schöpfergott mit der Töpferscheibe

Das heute rund 80 000 Einwohner zählende Esna (Isna), nur etwa 55 km südlich von Luxor, lebt in erster Linie von der Landwirtschaft, dem Baumwollanbau im Umland und dem Tourismus. In der Altstadt zeugen mittelalterliche Wohnhäuser mit koptischen Symbolen von deren geschichtlicher Verwurzelung. Um die Hauptsehenswürdigkeit, den Chnum-Tempel, erstrecken sich drei Basare, einer für Souvenirs und Touristen, zwei weitere, »kissaria« genannte überdachte Souks, wo sich die Einheimischen eindecken. Neben der Hauptgottheit Chnum wurde der bis heute sehr beliebte Speisefisch, der Nilbarsch, verehrt, der natürlich auch wie andere heilige Tiere mumifiziert in Gräbern bestattet wurde. Am Nilufer ist übrigens noch die alte römische Bepflasterung zu sehen, die Mark Aurel anlegen ließ. Ein Spaziergang am Ufer ist herrlich!

Sehenswert

Chnum-Tempel von Esna
| Altägyptischer Tempel |
Dass der Chnum-Tempel (Maebad Isna) heute noch so gut erhalten ist, liegt daran, dass er erst in ptolemäischer Zeit (rd. 200 v. Chr.) begonnen und erst unter den Römern um 250 n. Chr. abgeschlossen wurde. Die Säulenhalle, bunt koloriert mit Hieroglyphen, ist ein architektonisches und künstlerisches Meisterwerk. Amüsant ist, dass man auch hier wichtige römische Kaiser an den Tempelwänden vorfindet, in typisch altägyptischer Reliefkunst als

Pharaonen verewigt. Trajan bekommt von Chnum eine Sichel geschenkt, Domitian erschlägt Feinde mit der Keule wie einst Ramses II., Commodus fängt Fische und Vögel und damit symbolisch die Widersacher des Imperiums. Der Bau liegt heute 10 m unter dem Straßenniveau, das Grundwasser setzt der Anlage immens zu. Seit 2017 wird an der Renovierung gearbeitet.

■ Sh. Mohammed Farid, im Zentrum unweit des Nils, tgl. 9–17, im Winter 16 Uhr, 60 LE, erm. 30 LE

26 Edfu

Hier dreht sich alles um den Gott mit dem Falkenkopf und um Rohrzucker

Knapp 100 km südlich von Luxor macht sich die nubische Kultur Oberägyptens immer stärker bemerkbar. Um Edfu (Idfu), wo die alten Ägypter dem Falkengott Horus huldigten, wird seit Jahrhunderten Zuckerrohr angebaut, das in die gesamte arabische Welt und bis nach Indien exportiert wurde. Der Rohstoff ist daher im Arabischen fast Synonym mit Ägypten (Misr) und nennt sich »misiri«. In ganz Oberägypten wird der überaus erfrischende Zuckerrohrsaft in zahlreichen Saftbars angeboten. Ein Gläschen davon kann man im Anschluss an den Tempelbesuch beim Streifzug über die farbenfrohen Märkte genießen.

  Sehenswert

Horus-Tempel von Edfu
| Altägyptischer Tempel |
Horus war zweifelsohne eine der wichtigsten Gottheiten der alten Ägypter. Als Himmels-, Licht- und Königsgott war er auch Beschützer der Kinder. Mit seinem atemberaubenden wichtigsten Heiligtum hier in Edfu (Maebad Hurus fi 'Idfu) hat man ihm ein monumentales, 137 m langes (!) Denkmal gesetzt. Wie der Tempel von Esna wurde auch dieser in der Epoche der ptolemäischen Pharaonen (ca. 257–237 v. Chr.) erbaut. Schon der Eingangspylon beeindruckt mit seinen 36 m Höhe, so schmiegt sich nur die Anlage von Karnak (S. 76) näher an die wenigen Wolken heran. Der Innenhof wird umsäumt von 32 massigen Säulen. Die übermannsgroßen Falkenstatuen des Tempels sind beliebte Foto- und Selfie-Motive.

■ Im Stadtzentrum, Zugang über die Sh. al-Maebad, tgl. 7–16, im Sommer (Juni–Sept.) 17 Uhr, 140 LE, erm. 70 LE

 In der Umgebung

Hierakonpolis
| Archäologische Ausgrabungsstätte |
Rund 18 km nördlich von Edfu liegt mit Hierakonpolis (El-Kom el-Achmar) die »Stadt des Falken« (auch Nekhen), eine wichtige Fundstätte, die Forschern Aufschlüsse über die Gesellschaftsstrukturen vor über 5000 Jahren gibt. Hier befand sich das politische und wirtschaftliche, aber auch religiöse Zentrum der Vor- und Frühdynastischen Periode (ca. 4000–2500 v. Chr.). Archäologen fanden nicht nur die Prunkpalette des ersten Pharaos (Narmer, ca. 3000 v. Chr.), sondern auch die Ruinen einer kompletten Stadt, darunter ein massiges »Fort« (2. Dynastie) mit 5 m dicken Wänden, Nekropolen und die älteste bekannte Brauerei der Welt.

■ Am Westufer des Nils, entlang der Aswan Palace Rd., auf Höhe des Dorfs El-Baseleya, www.hierakonpolis-online.org, Eintritt frei

Kom Ombo 27

Die Falken-Statuen des Gottes Horus in Edfu sind beliebte Selfie-Motive

27 Kom Ombo

In der altägyptischen Stadt der Krokodile und des Gottes Sobek

Die stark landwirtschaftlich geprägte Kleinstadt Kom Ombo (Kum Umbu) mit einem überaus sehenswerten und exzellent erhaltenen Tempel und Krokodilmumien ist ein beliebtes Ziel für Tagesausflügler aus Assuan.

◉ Sehenswert

Doppeltempel von Kom Ombo
| Altägyptischer Tempel |

 Nilkrokodile waren den alten Ägyptern heilig

Von seiner Lage her ist dieser Tempel (Maebad Kum Umbu) kaum zu übertreffen. Malerisch thront er am Nilufer auf einer Anhöhe. Der dem Krokodilgott Sobek und dem Gott Haroëris, einem lokalen Vorläufer des Falkengottes Horus, geweihte Tempel stammt aus der ptolemäischen Ära (ca. 300 v. Chr.). In seinem Inneren wurde er räumlich quasi salomonisch und in perfekt harmonischer Symmetrie unter den beiden Göttern aufgeteilt. Neben hochinteressanten Reliefs, die u. a. Mark Aurel beim Opferritual vor Haroëris zeigen, findet sich im südlichen Vorbau, dem Mammisi, ein Beleg für den gepflegten Humor der Steinmetze jener Zeit: Ein Löwe spaziert einen Papyrus-Schilfhalm empor.

■ 3 km westl. des Stadtzentrums, tgl. 9–17, im Sommer bis 18 Uhr, 100 LE, erm. 50 LE, Krokodilmuseum inkl.

Krokodilmuseum
| Archäologisches Museum |

Das Nilkrokodil war den alten Ägyptern heilig, sie verehrten nicht nur den krokodilköpfigen Gott Sobek, sie mumifizierten auch Krokodile und bestatteten sie in einer Nekropole beim Heiligtum. Das kleine, exzellent sortierte Museum (Mathaf al-Tamasih) beim Doppeltempel zeigt Krokodilmumien und -eier, Sobek-Statuen, Kunsthandwerk und Werkzeug der Ära.

■ Tgl. 9–17 Uhr, im Tempeleintritt inkl.

28 Assuan (Aswan)
Nubische Metropole am 1. Nil-Katarakt

Panoramablick von Elephantine über den Nilarm auf die Neustadt von Assuan

i Information

■ TIO, Kiosk am nördl. Bahnhofsausgang, Midan el-Mahattat, Tel. 0100/576 75 94, Sa–Do 8–15 u. 18–20, im Sommer 9–14 u. 19–21, Fr 8–14 Uhr, Touristenpolizei in der Sh. al-Tahrir, Tel. 097/230 34 36
■ Parken: siehe S. 96

Schon die Lage von Assuan, der überaus einladenden Metropole Nubiens (rd. 450 000 Einw.) am 1. Nil-Katarakt ist schlichtweg bezaubernd. Felsfindlinge und kleinere oder größere Flussinseln wie das altägyptische Elephantine tragen zum stimmungsvollen Panorama bei. Mit einer pulsierenden arabischen Altstadt, großen Basaren, die für viele Ägypten-Fans die schönsten des Landes sind, und einer Fülle an altägyptischen Sehenswürdigkeiten sowie dem Nubischen Museum ist Assuan mit Kairo und Luxor der dritte Fixpunkt einer jeden Rundreise durch das Land der Pharaonen. Überaus sympathisch sind auch seine Bewohner, die ihre Gäste mit typisch nubischer Herzlichkeit empfangen. Im Sommer ist die Wüstenstadt jedoch unerträglich heiß (45–50 °C). Im Winter bei Durchschnittstemperaturen um die 25 °C ist Assuan dafür ein beliebter Kurort für Menschen mit Rheuma oder Atemwegserkrankungen.

Assuan (Aswan) 28

Plan
S. 92

arabischer Patisserie. Mancherorts wird Ihnen jedoch ein überaus strenger Geruch entgegenkommen, denn Fischläden preisen in den Auslagen fermentierte Nilbarben an.

■ Um die weitverzweigten Gassen entlang der Sh. Saad Zaghlul, tgl. ab ca. 10–23.30 Uhr, Fr und im Ramadan sind viele Stände geschl. oder haben stark verkürzte Öffnungszeiten

❷ Corniche
| Promenade |

Die wohl allerschönste Nilufer-Promenade Ägyptens! Auf dem tiefblauen Strom blähen sich die Segel zahlloser Feluken im Wind. Elephantine mit den Tempelruinen hat man stets im Blick, im Hintergrund erkennt man die Rampen zu den Gräbern der Adeligen, die beginnende Wüste und das Agha-Khan-Mausoleum. Entlang dem Ufer wird in zahlreichen Cafés und Restaurants zu moderaten Preisen für Ihr leibliches Wohl gesorgt.

ADAC *Spartipp*

Richtig zu **feilschen** ist eine Kunst und unabdingbarer Teil der arabischen Kultur. Bei so gut wie jedem Geschäft, vom Einkauf bis zum Taxi, werden Sie nicht umhinkommen, durchwegs hart, aber respektvoll, den Preis zu drücken. Ab etwa 30–50 % des Eingangsgebotes dürften Sie ein für beide Seiten akzeptables Ergebnis erzielt haben. Seien Sie dabei aber nicht allzu verbissen! Ein Kaufzwang besteht nicht.

Sehenswert

❶ Alte Souks
| Basar |

Noch ehe man den Nil entlangflaniert, lohnt es sich, die weitläufigen, authentischen und überaus bunten Alten Souks (Souk al-Khadim) zu erkunden. Hier findet sich alles, vom Malventee (Hibiskus, »karkadeh«), für den Assuans Anbauflächen weltweit berühmt sind, über Schmuck mit Edel- und Halbedelsteinen (wie Türkis und Topas) bis hin zu Lebensmitteln, Kleidung und natürlich der ganzen Bandbreite an Souvenirs. Streetfood-Stände warten mit Falafel-Sandwiches auf, Bäckereien mit

28 Assuan (Aswan)

③ Elephantine
| Flussinsel |

Nilfähren bringen Sie von der Corniche (auf Höhe der Büros von Egyptair, tgl. 8–1 Uhr, Einzelfahrt 5 LE) auf das mit seinen Nilometern im alten Ägypten überaus wichtige Eiland Elephantine (Dschazirat al-Fantin).

Gleich südlich beim Anlegesteg gibt das kleine **Assuan-Museum** im Haus des britischen Chefarchitekten William Willcocks einen Überblick über die Geschichte des Baus des Assuan-Staudamms und nubische Fundstücke, die dabei entdeckt oder gerettet wurden.
■ Mind. bis Mitte 2019 wg. Renovierung geschl., 70 LE, erm. 35 LE

Von den drei **Nilometern** auf Elephantine ist der des Satis-Tempels (Ostseite der Insel, südlich der Anlegestelle der Fähre) am besten erhalten. Wenn man die antiken Treppen hinabsteigt, kann man noch deutlich die Pegelstandsmarkierungen erkennen. Über Jahrtausende wurde der Wasserstand gemessen, bis in die ptolemäische Ära, und anhand dessen die Steuerabgaben errechnet. Am Zugang steht ein Informationsschild mit einer Karte des gesamten Elephantine-Areals und Erklärungen (Arabisch, Englisch).

Auch die von Archäologen des Deutschen Archäologischen Instituts freigelegte Tempelruine des **Chnum-**

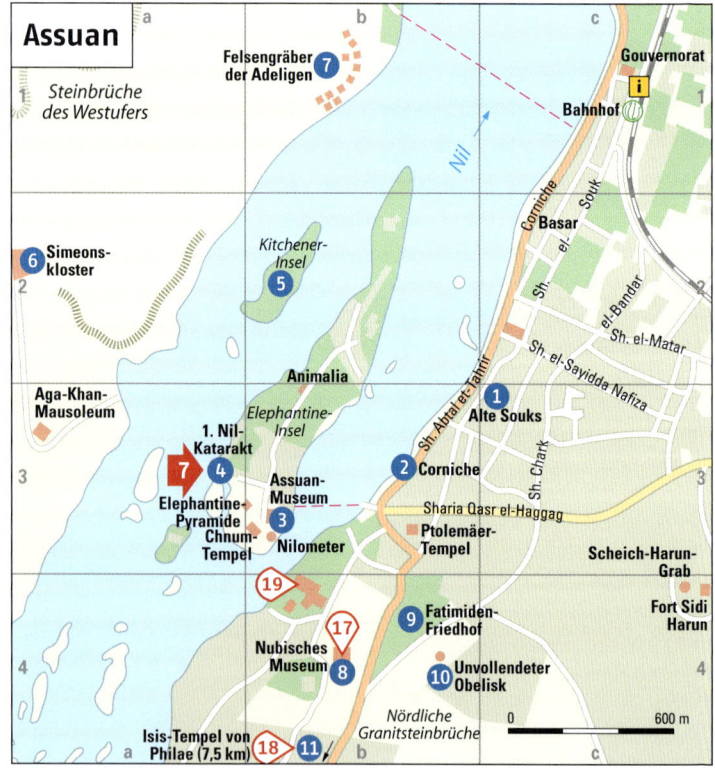

Assuan (Aswan)

Stimmungsvoll: eine Felukenfahrt am 1. Nil-Katarakt bei Elephantine

Tempels verfügt über einen Nilometer, über dessen Treppen man zum Nil gelangt. Chnum mit dem Widderkopf war als Schöpfergott in Nubien elementar und (mit-)verantwortlich für die lebensspendende Nilflut.

Die nur knapp 5 m hohen Ruinen der **Elephantine-Pyramide** (rd. 2700 v. Chr.) aus dem örtlich abgebauten Rosengranit hielt man fälschlicherweise lange für Reste einer Stadtmauer. Bislang sind nur sieben dieser kleinen Stufenpyramiden des Alten Reichs in Oberägypten bekannt. Über die Funktion der unter Pharao Huni errichteten Bauwerke wird in Fachkreisen nur spekuliert.
- Tgl. 8–18 Uhr, Eintritt frei

Im **Animalia**, einem Ensemble typischer Wohnhäuser, bekommt man einen Einblick in die Traditionen der Nubier, die seit Jahrtausenden Oberägypten und den Nordsudan bevölkern. Ihre Kultur und Sprache hat wenig mit dem Arabischen zu tun.
- Tgl. 8–18 Uhr, 40 LE, Führung inkl.

 1. Nil-Katarakt
| Landschaft |

 Der landschaftlich allerschönste Stromabschnitt des Blauen Nils

Die Ansammlung von kleinen und größeren Felsbrocken bei Assuan, die den 1. Nil-Katarakt – so heißen die Stromschnellen des Nils – ausmachen, ist an landschaftlichem Reiz kaum zu überbieten. Auch die größeren Nilinseln, Elephantine oder Kitchener Island, entstanden durch Felsen und Nilschlamm, der sich hier als Sediment ansammelte. Den wohl schönsten Blick hat man vom Westufer Elephantines zum Sonnenuntergang, wenn man Richtung Simeonskloster nach Südwesten blickt.

 Kitchener-Insel
| Botanischer Garten |

Die Kitchener-Insel (Dschazirat an-Nabatat), ein Paradies voller seltener, farbenprächtiger tropischer und subtropischer Pflanzen und Bäume, ist die grüne Lunge der Stadt und insbesondere in der oft extremen Hitze ein

28 Assuan (Aswan)

Plan S. 92

Musik, Tanz, Tracht und jahrtausendealte Geschichte im Nubischen Museum

schattiger Wohlfühlort. Es gibt ein kleines Café, und da nur wenige Touristen den Ort besuchen, kann man hier die Einsamkeit genießen und den zahlreichen Vögeln zusehen.

■ Tgl. 8–18 Uhr, 20 LE, keine Erm., man muss eine Feluke oder ein Motorboottaxi anheuern, um überzusetzen, hin und zurück max. 100–150 LE für 1–2 Std.

6 Simeonskloster
| Koptische Klosterruine |

Am Westufer des Nils, knapp 1 km westlich des Aga-Khan-Mausoleums, das der Öffentlichkeit nicht zugänglich ist, liegen die wehrhaften Ruinen der großen, frühchristlichen Abtei des Heiligen Simeon (Deir Anba Sama'an, 7. Jh.). Die Anlage ist erstaunlich gut erhalten, Fresken sind gut erkennbar, aber auch eine Fülle an arabischen Graffiti. Die Klosterfestung wurde bereits im 13. Jh. aufgegeben, wohl weil es an einer Wasserversorgung fehlte – das kostbare Nass musste vom Nil hinaufgetragen werden – und wegen ständiger Überfälle von Beduinenstämmen. Meiden Sie die Mittagshitze und nehmen Sie ausreichend Wasser mit! Der Ausblick ist unbezahlbar.

■ Tgl. 8–19 Uhr, 40 LE, erm. 20 LE, am besten erreicht man das Kloster mit der Fähre (5 LE einfache Fahrt) vom Terminal unweit des Bahnhofs, und dann in einem Aufstieg von etwa 40–50 Min.

7 Felsengräber der Adeligen
| Antike Felsengräber |

Am westlichen Nilufer zieht der markant geformte Berg mit dem zweiten Mausoleum Kubbat el-Hawa die Blicke auf sich. Nachts werden er und die Eingänge mit den Rampen zu den Gräbern der Adeligen (Al-Qubur al-Nubla') stimmungsvoll beleuchtet. Die Gräber der hier bestatteten Wesire, Expeditionsleiter, Generäle und Fürsten sind mit Scheinsäulen, Hieroglyphen und Reliefs reich verziert. Der Besuch lohnt sich – nicht umsonst zählen sie zum UNESCO-Weltkulturerbe. Von den Schachteingängen aus genießt man einen herrlichen Blick.

■ Mit der Fähre vom Terminal in Bahnhofsnähe übersetzen, der Aufstieg dauert 30–45 Min., vom Simeonskloster 30 Min., tgl. 8–16, im Sommer bis 17 Uhr, mit Kubbat el-Hawa 60 LE, erm. 30 LE

8 Nubisches Museum
| Volkskundemuseum |

  Ein Überblick über 6500 Jahre nubische Kultur

Der moderne wie funktionelle, preisgekrönte Museumsbau (Mathaf al-Nuba) von 1997 bietet auf über 7000 m² Ausstellungsfläche einen umfassenden Überblick über die Geschichte der Nubier und Nubiens, die stets eng an die Ägyptens geknüpft war, von der Frühgeschichte über die Pharaonen-Ära bis zur Islamisierung. Alle Exponate sind mit Erklärungen versehen.

■ Sh. as-Sadat, tgl. 9–20.30 Uhr, 140 LE, erm. 70 LE

9 Fatimiden-Friedhof
| Friedhof |

Der riesige Fatimiden-Friedhof (Maqabir al-Fatimiuh) von Assuan reicht über ein Jahrtausend in die Fatimiden-Ära (8.–10. Jh.) zurück und wird bis heute genutzt. Die islamischen Mausoleen aus Lehmziegeln sind einzigartig. Seit einigen Jahren beginnt man, die ältesten Gräber zu restaurieren.

■ Sh. as-Sadat, von Sonnenauf- bis -untergang, Spende für Wärter erwünscht

10 Unvollendeter Obelisk
| Antiker Steinbruch |

Der Unvollendete Obelisk (Masalat al-Naqisa) ist der drittgrößte bekannte Monolith der Welt, über 44 m lang und bis zu 4 m breit, und er liegt auf dem Boden des Pharaonen-Steinbruchs. Die massigste aller Steinnadeln, die Hatschepsut in Auftrag gab, ist zwar noch mit dem Boden vereint, brach aber im Zuge der Arbeiten. Doch erkennt man, welche immense Leistung die Steinmetze hier vollbringen mussten. Im Steinbruch herrschte dereinst Hochbetrieb, denn der hier abgebaute rote Granit (Rosengranit, auch Assuan-Granit genannt) kam auch beim Pyramidenbau (Grabkammern von Cheops, S. 56, und Djoser, S. 58) zum Einsatz und wurde auf dem Nil über 1000 km stromabwärts geschippert.

■ Sh. Dr. Abd al-Radi Hanafeh, tgl. 7–16, im Sommer 17 Uhr, 80 LE, erm. 40 LE, Führung auf Deutsch möglich, max. 150–200 LE, rd. 30–45 Min.

11 Isis-Tempel von Philae
| Tempelinsel |

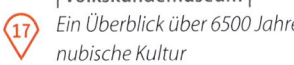 *Wo der Legende nach Isis das Herz ihres Bruders Osiris fand*

Dass das wichtigste Heiligtum der Göttin Isis (Hut-Chenti) erhalten blieb, ist dem Einsatz der Staatengemeinschaft unter der Schirmherrschaft der UNESCO zu verdanken. Denn weite Teile der einstigen Tempelinsel Philae liegen mittlerweile in den Fluten des Nassersees versunken. Nur noch der alte Eingang zum Areal und Inschriften an den umliegenden Felsen sind erkennbar. Die gesamte Tempelanlage wurde zerlegt und auf der benachbarten, höheren Angilkia-Insel neuerlich aufgebaut. Zum Glück, denn der Ausflug mit dem Boot zu einer der allerschönsten Tempelanlagen Ägyptens ist ein unvergesslicher Höhepunkt einer jeden Ägypten-Reise! Neben dem wunderbar erhaltenen Isis-Heiligtum

28 Assuan (Aswan)

Plan S. 92

ist der nach dem römischen Kaiser Trajan benannte Kiosk, wie derartige Tempel in der römischen Ära benannt wurden, ein Juwel der Baukunst.
■ Tgl. 7–17, im Winter 16 Uhr, 140 LE, erm. 70 LE, die An- und Ablegestelle der Motorboote zum Angilkia-Eiland liegt ca. 8 km südl. von Assuan, Taxis bedienen die Strecke für ca. 150 LE (hin u. zurück); die Bootskapitäne erwarten mitunter 400 LE (pro Gruppe oder Einzelperson), auch wenn 150 LE ausreichend wären, und warten auf Sie am Kai der Tempelinsel

Parken

An der Corniche, auch auf Höhe der Boote nach Elephantine (Sh. as-Sadat). Hotelparkplätze sind meist inkl.

Restaurants

€€ | **El-Dokka** Auf der Nilinsel El-Eissa bietet das Lokal nubische Speisen und »Touristenmenüs« zu vertretbaren Preisen. Die herrliche Lage, den Ausblick und den Transfer im Motorboot bezahlt man mit. Sie sind es aber wert! ■ An der Corniche befindet sich die angeschriebene Anlegestelle, Tel. 097/248 01 11, Mobil: 122/216 23 79, tgl. 11–23 Uhr, Plan S. 92 a4

ADAC *Wussten Sie schon?*

Das **Old Cataract Hotel** in Assuan ist Schauplatz eines der wohl berühmtesten Kriminalromane, der in Ägypten spielt: Agatha Christies »Tod auf dem Nil« (1937). Und es war 1978 Drehort der nicht minder legendären Verfilmung der Mordermittlungen des Detektivs Hercule Poirot (Sir Peter Ustinov) auf dem Nilkreuzfahrt-Dampfer.

(19) €€–€€€ | **The Terrace im Old Cataract Hotel** Im Ambiente eines viktorianischen Palasts diniert es sich vorzüglich, typisch ägyptisch oder international auf allerhöchstem Niveau. Aber auch zum Sonnenaufgangsfrühstück, Mittagessen oder Sundowner kann man auf der herrlichen Terrasse einkehren. Hier saß schon Agatha Christie und ließ ihren Blick über Assuan schweifen. ■ Sh. Abd al-Tahrir, Tel. 097/239 16 00, sofitel.accorhotels.com, tgl. 6–2 Uhr, Plan S. 92 b4

Events

Aufführungen nubischer Musik und Tänze Mehr als 50 verschiedene Tänze sind Teil des nubischen Alltags, weshalb die UNESCO Assuan als »Stadt der Kreativität, der Folklore und des Handwerks« würdigt. Das Kultur-Center an der Corniche wartet allabendlich mit Aufführungen auf (Plan S. 92 c2).

29 Kalabscha

Das »Eiland der geretteten Tempel« im Nassersee

Einen Steinwurf südlich des »Hohen Damms« von Assuan und unweit des Flughafens liegt nach Philae die zweite altägyptische Tempelinsel, Kalabscha, im Nassersee, die zu Unrecht im Schatten von Philae steht.

Sehenswert

Mandulis-Tempel
| Altägyptischer Tempel |
Die größte freistehende Tempelanlage Nubiens (Maebad al-Marul) ist dem nubischen Sonnengott (auch Marul genannt, oftmals als Falke mit Men-

Der Kiosk von Kertassi wurde auf die Insel Neu-Kalabscha umgesetzt

schenkopf dargestellt) gewidmet. Sie beeindruckt auf einer Insel im Nassersee mit einer Länge von über 77 m auf einem riesigen Areal von fast 6000 m², das von einer 15 m hohen Mauer umrahmt wird. In seiner heutigen Form geht der Komplex auf den römischen Kaiser Augustus zurück, der das Sanktuarium auf einer älteren Anlage aus der Zeit von Amenophis II. (14. Jh. v.Chr.) errichtete. Wie viele nubische Tempelanlagen diente auch diese im frühen Christentum als koptische Kirche. Der Tempel wurde unter der Ägide der UNESCO abgetragen und neu errichtet, wie auch der ausgesprochen schöne, der Hathor geweihte Kertassi-Kiosk und der Amun-Tempel des Beit el-Wali. Der Ort ist weit weniger frequentiert als Philae. Den Besuch kann man wunderbar mit dem des Assuan-Staudamms (30 LE) kombinieren.
■ Tgl. 8–16 Uhr, 60 LE, erm. 30 LE, vom Westufer neben dem Assuan-Staudamm setzen Motorbootfähren über (Verhandlungsbasis 150 LE) und warten auf Sie

30 Amada

Versunkenes nubisches Dorf mit geretteter altägyptischer Tempelanlage

Auch der Tempel von Amada musste mit dem Bau des Staudamms und dem daraus entstandenen Nassersee von der UNESCO gerettet werden. Er wurde mit einer Betonplatte untergossen und so als Ganzes (ein 800-Tonnen-Block) auf Schienen landeinwärts bewegt. Das antike Dorf versank leider für immer in den Fluten. Es war der erste altägyptische Tempel, den die Pharaonen in Nubien errichten ließen. Thutmosis III. (1486–1425 v.Chr.) weihte den Bau den Göttern Amun-Re und Re-Harachte. Im Inneren bestechen Hieroglyphen und die Spuren einer Nutzung als frühe koptisch-nubische Kirche.

■ Am einfachsten erreicht man den Tempel mit einer Kreuzfahrt auf dem Nassersee, tgl. 9–17 Uhr, 70 LE, erm. 35 LE

Abu Simbel

 Zwei Felsentempel aus der Ramessiden-Ära

Information

■ Im Besucherzentrum vor dem Abu-Simbel-Felsentempel, tgl. 6–18 Uhr

Seinen die Vorstellungskraft sprengenden Dimensionen zum Trotz geriet diese über 3000 Jahre alte architektonische Glanzleistung der Baumeister und Bauarbeiter unter dem mächtigen Ramses II. in Vergessenheit: Die vier über 22 m hohen Abbilder des Pharaos am Tempel (Maebad Abu Simbel) waren bis zum Kopf unter Sandverwehungen begraben, als der Schweizer Forschungsreisende Johann Ludwig Burckhardt am 22. März 1813 (am Tag des Sonnenwunders, S. 100) regelrecht über sie stolperte. Er konnte allerdings nicht bis zum Eingang vordringen. Das übernahm sein berühmt-berüchtigter Kollege Giovanni Battista Belzoni (1817), ein Pionier der damals noch in den Kinderschuhen steckenden Ägyptologie. Aber auch einer, der sich den Ruf eines »Mannes für das Grobe« erwarb, v.a. wenn es darum ging, Kunstschätze ins Ausland zu schaffen.

Am Tempeleingang des Großen Tempels sind neben Ramses II. auch seine Frau Nefertari (der der Kleine Tempel nördlich gewidmet ist), seine Mutter

Im Blickpunkt

Ramses II.

Kein anderer Pharao Ägyptens setzte sich selbst monumentalere Ebenbilder als Ramses II., »der Große« (1303–1213 v. Chr.). Über 66 Jahre regierte er das Land am Nil, anfangs noch an der Seite seines Vaters Sethos I., der den Zenit der Ramessiden-Dynastie markierte. Unter Ramses II. nahmen die Tempelanlagen noch größere Dimensionen an, sei es in Luxor und Karnak (S. 74 u. 77) oder Abu Simbel. In prachtvollen Reliefs protzte er mit seinen militärischen Erfolgen gegen Nubier, Libyer und allen voran die Hethiter. Bereits in seinem 5. Regierungsjahr, 1274 v. Chr., markierte die Schlacht von Kadesch im heutigen Syrien einen Höhe- und Wendepunkt: An Tempelwänden stellte Ramses II. sich zwar als großen Sieger dar, im Endeffekt aber dürfte militärisch keine Kriegspartei gewonnen haben, einzig die Verluste waren immens – und wohl höher aufseiten der Ägypter. Wichtiger waren die Folgen des Feldzugs, nämlich der erste dokumentierte Friedensvertrag der Menschheit, dessen Details an den Wänden des Karnak-Tempels verewigt sind. Dem diplomatischen, strategischen Geschick von Ramses II. dürfte es zu verdanken sein, dass das Neue Reich in der Phase der Stabilität, nach außen wie nach innen, regelrecht aufblühte. Seine Mumie ist im Ägyptischen Museum von Kairo im Kreis einiger Familienangehöriger, darunter Vater Sethos I., ausgestellt.

Abu Simbel

Der monumentale Felsentempel von Ramses II. in Abu Simbel

Tuja und einige seiner vielen Söhne in den Sandstein gemeißelt. Im Fries sind Paviane aneinandergereiht. Ramses-II.-typisch begrüßen einen am Eingang bereits Abbildungen aneinander gebundener Kriegsgefangener – Libyer, Syrer und natürlich Nubier. Der erste Tempelraum mit zehn reich verzierten Osiris-Pfeilern zelebriert in wandfüllenden, detailreichen Reliefs des Pharaos Kriegserfolge. An der nördlichen Seitenwand sieht man einmal mehr die Schlacht von Kadesch gegen die Hethiter – in ihrer mit Abstand besten Darstellung. Eine Hochzeits-Stele vor dem Tempel erinnert an eine Folge der Schlacht: die politisch motivierte Hochzeit mit der Tochter des Hethiter-Königs, ein Eckpunkt des ersten überlieferten Friedensvertrags der Menschheitsgeschichte.

Der zweite Tempelraum ist für die Götter reserviert, Seitenkammern waren für Opfergaben bestimmt. Über 55 m im Berginneren erreicht man das Allerheiligste mit den aus dem Fels gehauenen Statuen von Ptah, Amun-Re, Re-Harachte und Ramses II. Zweimal im Jahr (S. 100) erhellen die Strahlen der Sonne deren Antlitz, ein

ADAC *Mobil*

Aus Assuan starten tgl. frühmorgens **Shuttle-Busse nach Abu Simbel**, die Touristen gegen 4–4.30 Uhr von den wichtigsten Hotels, dem Elephantine-Fährterminal oder dem Bahnhofsplatz abholen. Die einfache Fahrtzeit im vom Militär teils begleiteten Konvoi beträgt knapp 3–4 Std. (ca. 160–200 LE hin und zurück, Buchung auch über TIO in Assuan, S. 90). Zur Tempelbesichtigung hat man 1,5–2 Std. Zeit.

31 Abu Simbel

Seiner Lieblingsgattin Nefertari ließ Ramses II. einen Hathor-Tempel errichten

weiterer Beleg für den hier zelebrierten Sonnenkult der alten Ägypter. Ägyptologen gehen übrigens davon aus, dass die Ramses-II.-Statuen auch zur Abschreckung der Völker des Südens dienten, wenn diese den Nil abwärts schipperten.

Wie groß die Verbundenheit Ramses II. mit seiner Lieblingsgattin Nefertari war, zeigt der Hathor-Tempel nebenan. Kein Detail am Rande ist, dass der Pharao an der Fassade in der gleichen Größe (10 m) verewigt wurde wie seine Herzensdame. Im Inneren finden sich nicht minder herrlich gearbeitete Reliefs und Hathor-Säulen.

Auch Abu Simbel wäre ohne eine internationale Rettungsaktion unter der Schirmherrschaft der UNESCO in den Tiefen des Nassersees versunken. Abu Simbel wurde 64 m höher und 180 m landeinwärts aus 30-Tonnen-Blöcken neuerlich zusammengesetzt und im Zuge dessen über dem Tempelinneren eine künstliche Betonkuppel errichtet. Verantwortlich für die Umsetzung war das Unternehmen Hochtief.

■ Tempel von Ramses II. (Großer Tempel), Tempel der Nefertari (Kleiner Tempel) und Dokumentationszentrum zur Rettung des Tempelkomplexes tgl. 6–18 Uhr, 200 LE, erm. 100 LE, zzgl. lokaler Abgaben (10 LE), Fotoerlaubnis 300 LE (auch für Smartphones)! Sound & Light Show tgl. 19, im Winter 18 Uhr, 250 LE

 Events

Abu Simbel Festival Zweimal im Jahr, zum astronomischen Frühjahrs- und Herbstbeginn am 22. Feb. und 22. Okt., erreichen die Sonnenstrahlen das Alerheiligste im Tempelinnersten und beleuchten für knapp 20 Min. die Statuen der Götter. Der Eintritt ist an jenen Tagen höher, der Besucherandrang größer und die Stimmung außerordentlich feierlich. Zur Feier des »Sonnenwunders« finden Musik- und Tanzaufführungen statt. ■ 400 LE, erm. 200 LE

Übernachten

Luxor und Assuan bieten eine große Bandbreite an Unterkünften. Auch in der Mittelklasse finden sich günstige Optionen mit Panoramablick auf den Nil und gepflegten Pools. Eine Klimaanlage ist Pflicht, v. a. in den heißeren Monaten, die im Wüstenklima von Luxor und Assuan die Nebensaison markieren. Auf Ferienwohnungsplattformen finden sich schöne Ferienhäuser auf der Nilinsel Elephantine und in Luxor. In Assuan ist es möglich, auf Nilfeluken zu nächtigen.

Luxor 72

€ | Bob Marley Hostel Sherief Hotel Etwas in die Jahre gekommene, aber saubere Zimmer, teils mit Bad und WC auf dem Gang, dafür herzlicher Service und exzellente Tour-Organisation. ■ Sh. Television, Ecke Sh. Badr, 11432 Luxor, Mobil: 01 00/441 65 36

€–€€ | Marsam Hotel Geschmackvoll eingerichtet, komfortabel, perfekter Service, am Westufer des Nils gleich bei den Memnon-Kolossen. Ideal gelegen, auch gut für Familien wegen der Suiten für bis zu 4 Pers., Fahrradverleih. ■ Al-Qurna, neben dem Totentempel des Merenptah, Westbank, 85111 Luxor, Tel. 01 00/342 64 71, www.marsamhotelluxor.com

€€ | Iberostar Luxor Direkt am Nil, mit terrassierten Gärten und wunderbarem Pool auf einer in den Strom hineinversetzten Plattform. Exzellentes Frühstück, zuvorkommender Service. ■ Sh. Khaled Ibn el-Walid, die südl. Fortsetzung der Corniche, 11432 Luxor, Tel. 095/238 09 25-6, www.iberotel.de

Assuan 90

€–€€ | Meshra Katto Ferienhaus auf der Insel Elephantine im Nil mit Terrasse, Küche, WLAN und Klimaanlage. Ideal für Familien. Köstliches Frühstück bereiten die Inhaber Ihnen auf Wunsch zur vereinbarten Zeit zu. ■ Elephantine, 81111 Assuan, Mobil: 01 22/572 12 80 (Mohammed Omrah)

€€€ | Old Cataract Hotel Das beste Hotel von Assuan liegt hoch auf einer Klippe über dem Nil-Katarakt und hat seinen Preis, aber als Frühbucher oder zur Nebensaison (Sommer) können Sie sich wie der britische Hochadel der Jahrhundertwende verwöhnen lassen, ohne ein zu großes Loch in die Urlaubskasse zu reißen! ■ Sh. Abd al-Tahrir, 81511 Assuan, Tel. 097/239 16 00, sofitel.accorhotels.com

ADAC *Das besondere Hotel*

In einer einfachen, aber komfortablen Kajüte (Einbett- oder Doppelbett) auf dem **Freedom Floating Boat** im Nil von den sanften Wellen in den Schlaf geschaukelt zu werden, ist zweifellos eine einzigartige Erfahrung. Üppiges Frühstück, auch vegan, und eine Bootstour mit einem Nilbad sind inkludiert. Das WLAN (kostenlos) funktioniert überraschend gut!
€€ | Elephantine, 81511 Assuan, Buchung über www.booking.com oder www.bedandbreakfast.eu

Die Küste des Roten Meeres und des Sinai

Traumstrände in Nationalparks und die schönsten Tauch- und Schnorchelspots der Welt

Hohe Wassertemperaturen, kein Niederschlag, 21°C im Winter, 30°C im Hochsommer und selbst im Winter warme 25°C Lufttemperatur machen die Küste des Roten Meeres fast ganzjährig zur idealen Destination. Über 80% aller Ägypten-Urlauber bereisten in den letzten Jahren diesen Landesteil, v. a. um Hurghada und El-Guna sowie Scharm asch-Schaich auf der Sinai-Halbinsel. Tauchsportbegeisterte zieht es immer wieder an diese Küsten. Wer hier abtaucht, fühlt sich wegen des bunten Artenreichtums wie in einem Aquarium. Weiter südlich bei Al-Qusair und Marsa Alam sind auch die Korallengärten noch intakt. Einzigartige Naturwunder sind außerdem die Canyons auf dem Sinai. Die abgeschiedenen Täler der Arabischen Wüste, aber auch auf dem Sinai, boten frühchristlichen Einsiedlern Schutz. Deren Nachfolger errichteten im 4. und 5. Jh. imposante Klöster, darunter das Katharinenkloster auf dem Sinai und das Pauluskloster.

In diesem Kapitel:

32 Nationalpark Wadi al-Gimal 104
33 Marsa Alam 104
34 Al-Qusair 106
35 Soma Bay 107
36 Hurghada 107
37 El-Guna 109
38 Pauluskloster 111
39 Sues 111
40 Scharm asch-Schaich 112
41 Nationalpark Ras Mohammed 114
42 Dahab 115
43 Oase Aïn Khudra 117
44 Katharinenkloster und Mosesberg 117
45 Nuwaiba 118
Übernachten 120

ADAC Top Tipps:

Scharm el-Luli, Nationalpark Wadi al-Gimal
| Strand |
Für viele ist dieser Traumstrand mit für Kinder ideal geschützter Lagune zu Recht mit der Karibik oder den Malediven vergleichbar und der schönste am südlichen Roten Meer. 104

 Nationalpark Ras Mohammed
| Meeresschutzgebiet |
Von der südlichen Spitze der Sinai-Halbinsel genießt man einen unvergesslichen Ausblick. Wer in die türkisblauen Tiefen abtaucht, wird in den schönen Riffen farbenprächtige Meeresbewohner treffen. 114

ADAC Empfehlungen:

 Nationalpark Wadi al-Gimal
| Naturschutzgebiet |
Im »Tal der Kamele« leben nicht nur die letzten Hirtennomaden, sondern auch afrikanische Wildesel, Nubische Steinböcke und Gazellen. 104

 Abu Dabbab, Marsa Alam
| Schnorchel- und Tauchspot |
Neben Aberhunderten von »Nemo«-Clownfischen grasen auf den Seegraswiesen auf dem sandigen Grund des Roten Meeres Meeresschildkröten und Seekühe. 105

 Diving.de El Flamenco, Al-Qusair
| Tauchcenter |
Die Inhaber, Tauchlehrer mit exzellent ausgebildeten, deutschsprachigen ägyptischen Tauchführern, bringen einen zu den schönsten Spots. 106

 El-Guna
| Urlaubsort |
Die »Lagune«, auf künstlichen Inseln und Kanälen angelegt, ist eine einzigartige Ferienstadt. 109

 Coloured Canyon (Al-Wadi al-Malun), Nuwaiba
| Schlucht |
Bis zu 50 m hoch ragen die rosarot gefärbten Schichten der Sandsteinschlucht in den Himmel. 119

 Gorgonia Beach Resort, Marsa Alam
| Hotel |
Modernes, gepflegtes Fünf-Sterne-Resort mit herrlichem Hausriff beim Nationalpark Wadi al-Gimal. 120

32 Nationalpark Wadi al-Gimal

 Schutzgebiet mit Riffen, Mangrovenwäldern und Wüste

Information

■ Im Gorgonia Beach Resort (S. 120) bei KM 48 auf der Fernverkehrsstr. von Marsa Alam nach Asch-Schalatin, Tel. 0106/ 880 17 49, www.wadielgemal.org, Besucherzentrum und Parkzufahrt knapp 2 km südl. des Shams Alam Beach Resorts, Parkverwaltung Tel. 065/344 59 81 oder 065/372 02 27

■ Park: tgl. von Sonnenauf- bis -untergang, nur mit Parkranger, Kosten je nach Tourdauer (halbtags bzw. mit Übernachtungen) und Gruppengröße 40–160 € p. P., Verpflegung, Wasser inkl., Genehmigung durch das Militär und ggf. Eskorte vonnöten, Zeltlager (arab. »fustat«), Wadi al-Gimal Eco-Lodge im Nationalpark, Tel. 0122/100 11 09

Knapp 50 km südlich von Marsa Alam erstreckt sich auf fast 7500 km² das geschützte Naturparadies des Nationalparks Wadi al-Gimal mit einer für die östliche Arabische Wüste erstaunlichen Vielfalt an seltenen Vogelarten, Säugetieren (z.B. die gefährdeten Dorkasgazellen, Berberschafe und Wildesel) und robusten Pflanzen.

Hier sind auch die letzten nomadisch lebenden Beduinenvölker Ägyptens zu Hause, die Ababde. Über Jahrtausende sicherte die Wanderviehzucht ihr Überleben in einem der wohl lebensfeindlichsten Landstriche Ägyptens. Inzwischen bieten sich ihnen neue Zuverdienstmöglichkeiten als Parkwächter und -ranger im nachhaltigen Trekking- und Wandertourismus.

Sehenswert

Wadi Sikait
| Antike Smaragdminen |

Eine der schönsten Touren im Wadi al-Gimal führt zu den Edelsteinminen, die unter den Ptolemäern, Kleopatra, den Römern (»Mons Smaragdus«) und bis ins 15. Jh. wichtige Abbaugebiete waren. Bis heute finden sich kleinste Fragmente der tiefgrünen Juwelen, v.a. um die römische Bergarbeitersiedlung Qism Umm Kabu. Um den antiken Ort Senskis wirken die Berge ausgehöhlt wie ein Schweizer Käse. Ein Tempel der Isis wurde ebenso in den Felsen gehauen, der Tempel von Sikait, eine Art »Mini-Petra«.

Scharm el-Luli
| Strand |

 Der schönste Strand am südlichen Roten Meer

Mit feinstem, weißem Sand, der nicht am Körper kleben bleibt, und kristallklarem Wasser in mannigfaltigen grün-blauen Tönen in einer geschützten Lagune ist er schlichtweg ideal, auch für die Kleinsten. Vor Ort gibt es nur minimale Infrastruktur (keine Toiletten, das einzige Manko!) und einige Beduinen-Tee-Zelte und Holzverschläge. Packen Sie daher ausreichend Verpflegung ein, und vergessen Sie Schnorchel und Taucherbrille nicht!

■ An der Fernverkehrsstr. (65), etwa 63 km südl. von Marsa Alam

33 Marsa Alam

Intakte Korallenriffe, modern-luxuriöse Resort-Hotels und kein Partytrubel

Seit ein kuwaitischer Scheich bei Marsa Alam den ersten privaten Flughafen

Marsa Alam

Beduinen schützen als Führer und Ranger die Natur des Wadi al-Gimal

Ägyptens errichtet und 2001 eröffnet hat, ist der Urlaubsort ein neuer Fixstern im Pauschaltourismus. Vom knapp 300 km nördlich gelegenen Hurghada sind keine langen Auto- oder Kleinbustransfers mehr nötig. Der Süden des Roten Meeres ist weitgehend unberührt, die Strände warten mit noch feinerem Sand auf, und die Korallengärten sind hier überwiegend intakt. Das lockt Taucher, Kitesurfer und Erholungssuchende an.

Sehenswert

Abu Dabbab
| Schnorchel- und Tauchspot |

 Vor Strömungen geschütztes Riff mit Clown- und Feuerfischen

Das Korallenriff an der Südseite der Schildkrötenbucht (engl. Turtle Bay) ist herrlich. Auch ohne Sauerstofftank kann man die farbenprächtige Unterwasserwunderwelt mit Taucherbrille und Schnorchel bestaunen, was für Kinder und Jugendliche ein unvergessliches Erlebnis ist. Wer dabei eine Meeresschildkröte oder eine Seekuh zu Gesicht bekommt, die hier stets anzutreffen sind, hat eine dauerhafte Urlaubserinnerung gespeichert!

■ An der Fernverkehrsstr. (65) rd. 100 km südl. von Al-Qusair u. 40 km nördl. von Marsa Alam, beim Hotel el-Malikia; Diving.de El Flamenco (S. 106) hat ein Tauchcenter vor Ort und organisiert Tagesausflüge von Al-Qusair (Flamenco Beach)

Erlebnisse

Amore Safari Dort wo der Scheich ein Stadion für Kamelrennen errichten wollte, starten Wüstentrips mit dem Quad oder klassisch auf Kamelen.
■ Tel. 01 00/191 99 99, www.amoresafari.com, ab 35 € p. P.

34 Al-Qusair

Mit über 5000 Jahren Geschichte birgt die »kleine Burg« eine bunte Altstadt

Am Endpunkt alter Karawanenrouten lag einst ein wichtiger Hafen des alten Ägypten. Von Al-Qusair starteten Expeditionen in das sagenhafte Land Punt. Ab dem 8. Jh. setzten muslimische Pilger nach Mekka über und Handelsschiffe die Segel Richtung Jemen, Oman und Indien. Neben der Zitadelle und den hübschen Basaren lohnt der alte Hafen von Alt-Qusair (Qusair al-Khadim) im Nordosten der Stadt einen Abstecher.

Sehenswert

Zitadelle von Al-Qusair
| Festung |
Das osmanische Bollwerk (Qal'at al-Qusair, 16. Jh.) unweit der Basare, mit traditionellen Bäckereien, Garküchen, Teehäusern, Fischern und Fleischern, ist im Zentrum nicht zu verfehlen. Vom Wachturm – erbaut im Auftrag Napoleons (1799) – genießt man einen wundervollen Ausblick.
■ Sh. el-Gomhoreya, tgl. 9–17 Uhr, 40 LE, erm. 20 LE

Restaurants

€€ | **El-Fardous** Direkt am alten Hafen wird hier eine famose Fischplatte und Fischsuppe kredenzt. ■ Sh. Port Said, Tel. 01 28/332 48 84, tgl. 10–23 Uhr

Sport

22　**Diving.de El Flamenco** Manager Mirko Obermann und Andreas Häckler führen das Tauchcenter, das seit über einer Dekade die erste Adresse am südlichen Roten Meer ist, mit modernster Ausrüstung und topgeschulten Tauchlehrern auf höchstem Niveau. Kinder können ab 8 J. mit dem Tauchen beginnen. Anfänger, Fortgeschrittene und Profis werden indi-

Den Ausblick vom Wachturm der Zitadelle von Al-Qusair genoss schon Napoleon

viduell beraten und zu den schönsten Spots gebracht. Einer davon ist das wunderbare Hausriff. ■ Im Resort-Hotel Flamenco (S. 120), 7 km südl. von Al-Qusair, www.diving.de

Soma Bay

Eine Resort-Stadt an einer der schönsten Buchten am Roten Meer bei Safaga

Information

■ In den Resorthotels u. Tel. 16390, www.somabay.com

Auf der künstlich angelegten Halbinsel der Soma Bay (Chalig Soma Bai, Ras Abu Soma), eine grüne Oase zwischen Wüste und türkisblauem Meer mit herrlichen Badebuchten und feinsten Sandstränden, liegen einer Kleinstadt gleich Resorthotels der oberen Mittel- und Luxusklasse (Sheraton, Kempinski) mit orientalischen Spas, ein Robinson-Club, der beste Golfplatz am Roten Meer (S. 132) sowie Tauchcenter und Kitesurf-Schulen (S. 132) neben Restaurants, Nightlife- und Shoppingangeboten.

■ Rd. 30 km nördl. von Safaga und 60 km südl. von Hurghada an der Fernverkehrsstr. (65)

Hurghada

Touristische Stadt am Roten Meer mit herrlichen Resorthotels

Information

■ TIO, Sh. Bank Misr, Seitengasse der Sh. el-Nasr, rd. 1 km südöstl. vom Flughafenterminal 1, Tel. 065/346 32 21, tgl. 8.30–20 Uhr

In und um Hurghada (Al-Gurdaqa) mit seinen rund 120 000 Einwohnern wird man in modernen, familienfreundlichen Resorthotels und Luxusanlagen für Paare mit traumhaften Privatstränden rundum bestens versorgt. Teile der Stadt haben mit der auf die Revolution 2011 folgenden Tourismuskrise an Attraktivität eingebüßt, wovon Bauruinen und aufgegebene Geschäfte, Restaurants oder Hotels zeugen.

Sehenswert

Hurghada Grand Aquarium
| Aquarium |

Das moderne Aquarium beherbergt über 1200 Fische aus über 120 Spezies, darunter verschiedenste Hai-Arten, Stachelrochen und Meeresschildkröten. Die Becken, insbesondere die großen, bieten diesen angemessenen Platz. Highlight ist ein 25 m langer Glastunnel. Wer sich traut, kann mit Haien zur Fütterung tauchen (100 US-$, Ausrüstung und Guide inkl., tgl. 11 und 15 Uhr).

■ An der Fernverkehrsstr. Hurghada–Ismailia bei KM 12, Tel. 01 11/618 11 17, www.hurghadaaquarium.com, tgl. 9–19 Uhr, rd. 25 US-$ (oder 25 €!), Kinder bis 10 J. 12,50 US-$ (oder 12,50 €!), bis 5 J. frei, Ticketreservierung über die Website empfohlen (10 % Rabatt)

Hurghada Marina
| Jachthafen |

Am neuen Jachthafen erstreckt sich ein Viertel mit einer traumhaften Küstenpromenade, einer großen Auswahl an Strandbars, Cafés, Restaurants (internationale Küche), Geschäften und Basaren sowie Diskotheken. Auch tagsüber lohnt es sich, herzukommen,

Hurghada

Der neue Jachthafen von Hurghada ist Treffpunkt, Shopping- und Restaurantmeile

um am familienfreundlichen, gepflegten Strand La Plage (9 Uhr bis Sonnenuntergang, 100 LE, Handtuch, Softdrink inkl., bis 12 J. frei, Pool-Bereich) Sonne zu tanken und im türkisblauen Meer zu schwimmen.

■ New Marina, Midan es-Saqala, www.hurghada-marina.com, Restaurants ab 14 Uhr, teils bis 2 Uhr

Giftun-Insel
| Strand |

Die Strände der Giftun-Insel (Dschazirat al-Giftun) mit feinem weißem Sand lassen Karibik-Feeling aufkommen. Sanft abfallend und lagunengleich sind sie ideal für Familien, auch mit kleinen Kindern. Größere werden in den hier noch ziemlich intakten Korallenriffen mit Taucherbrille und Schnorchel auf die Suche nach Clownfischen gehen.

Die große Zahl an Tagesausflüglern verteilt sich auf der großen Insel bestens. Liegen, Sonnenschirme und Bars sind vorhanden.

■ Zahlreiche Anbieter organisieren Tagesausflüge nach Giftun für rd. 250–350 LE p. P., Verpflegung u. Schnorchelausrüstung inkl., fragen Sie an der Hotelrezeption nach Angeboten!

Makadi Bay
| Resortstadt |

Der südliche, mittlerweile mit Hurghada verwachsene Erholungsort an der Bucht (Chalig Makadi) bietet Resorthotels, einen Golfplatz, zahlreiche Tauchschulen und ein »Mini-Egypt«, in dem die wichtigsten Sehenswürdigkeiten des Landes maßstabsgetreu nachgebaut wurden (tgl. 10–19 Uhr, 15 US-$). Eine ideale, aber nicht ganz billige Abwechslung zum Strandtag.

El-Guna 37

 Restaurants

€–€€ | El Halaka Vis-à-vis dem Fischmarkt kann man getrost die reichhaltigen Früchte des Roten Meeres genießen. Es ist bei Einheimischen und Gästen gleichermaßen beliebt. Die Ware ist fangfrisch, der Preis ägyptisch (Menü rd. 120 LE). ■ Sh. el-Shohada, Tel. 01 00/456 28 00, tgl. 12–24 Uhr

€€–€€€ | Moby Dick Internationale und ägyptische Küche, Fisch- und Fleischgrillgerichte, geschmackvoll präsentiert. Top-Burger, Shrimps und als Highlight ein Kamel-Steak, das auf der Zunge zergeht! ■ Sh. Foundouk Sheraton gegenüber dem Regina Resort, Tel. 065/344 00 50, tgl. 13–0.30 Uhr

 Kinder

Makadi Bay Water World Mit 50 verschiedenen Rutschen bietet der Wasserpark großen Spaßfaktor für Kinder (Mindestgröße 1,20 m) und Erwachsene. ■ Sh. Makadi, beim Jaz-Hotel, Tel. 065/359 02 25, tgl. 10–17 Uhr, für Hotelgäste in Makadi Bay kostenlos, sonst 30 US-$, Snacks und Getränke inkl.

Sindbad Club Submarine Mit dem U-Boot können Sie die Unterwasserwelt des Roten Meeres vollkommen im Trockenen entdecken. Bis zu 25 m tief taucht man mit maximal 45 Personen ab. Für kleine Kinder, aber auch ältere Semester und Familien ist es eine tolle Erfahrung, die aber ihren Preis hat. ■ Beim Sindbad Club Hotel und Aqua-Park, Sh. Sheraton, Tel. 065/340 42 27-9, www.sindbadclub.com/entertainment, 35 US-$ p. P., bis 12 J. 17,50 US-$, 3 Std., Tauchfahrt rd. 45 Min.

 Entspannung

Algotherm Thalasso & Spa Eine Thalasso-Therapie mit der heilenden und v. a. entspannenden Wirkung von Meeressalzen und -schlamm kann man in vielen Resorthotels an der Küste des Roten Meeres genießen. Preisgekrönt ist dabei das Spa des Steigenberger Al Dau Resorts (S. 121). ■ Preis, Info und Reservierung, auch für hotelfremde Gäste: www.steigenberger aldauresort.com

37 El-Guna

 Eine geschmackvoll gestaltete, artifizielle Parallelwelt

 Information

■ In der »Downtown« von El-Guna, Sh. Tamr Henna, H9 Building, Tel. 065/354 97 02, Hotelbuchungen Tel. 065/356 17 60, www.elgouna.com

Künstliche Inseln, Kanäle mit Brücken fast wie in Venedig, mondäne Jachthäfen, Mittelklasse- und Luxushotels,

ADAC *Spartipp*

Auch wenn es viele orangeschwarze Taxis gibt und sicher nicht alle Fahrer einen übers Ohr hauen wollen: Rufen Sie, um in Hurghada herumzukommen und insbesondere vom Flughafen die Resorthotels zu erreichen, lieber per App ein **Uber**. Selbst Botschaften warnen vor betrügerischen und erpresserischen Praktiken der offiziellen Taxifahrer. Wer nach Al-Qusair oder Marsa Alam will, kann den Privatchauffeur Alaa Mahmoud kontaktieren (**Tel.** 01 22/ 442 51 20).

El-Guna

Im Blickpunkt

Die Unterwasserwelt des Roten Meeres

Wer mit den Unterwasserdokumentationen von Jacques-Yves Cousteau oder Hans Hass aufgewachsen ist, weiß, dass es sich mit dem Roten Meer um eine der artenreichsten und buntesten Tauchregionen der Welt handelt. Unter Wasser trifft man auf eine subtropisch üppige bunte Welt an Korallenriffen, wo sich Clown-, Drücker-, Napoleon-, Papagei- und Feuerfische tummeln, neben exzellent getarnten Stein- und Krokodilfischen sowie Blaupunktrochen. Selbst auf Meeresschildkröten, Seekühe, Delfine, Mantas, Walhaie, aber auch Tiger-, Weißspitzen-Riff- und Hammerhaie kann man treffen, insbesondere südlich von Marsa Alam und um die Südspitze des Sinai in den Nationalparks Ras Mohammed oder Wadi al-Gimal. Dafür braucht es nicht zwingend Presslufttanks, auch »nur« mit Schnorchel und Taucherbrille wird man begeistert sein. Empfehlenswerte Spots sind Abu Dabbab (S. 105, OWD, Anfänger, Schnorchler) mit Schildkröten, Seekühen, Barrakudas; das Elphinstone-Riff 20 km südlich von Marsa Alam (AOWD, 30–40 m) mit Delfinschulen, Weißspitzen-Riff- und Hammerhaien sowie Abu Kafan, der »Vater der Tiefe«, bei Safaga (AOWD) mit Riff-Fischen und Mantarochen. Viele Resorts bieten daneben attraktive Hausriffe, allen voran Flamenco Beach (OWD, S. 120) und Gorgonia Beach (OWD, S. 120).

Ferienwohnungen, Tauch-, Segel- und Surfschulen, Restaurants, Flanier- und Shoppingmeilen – das ist El-Guna. Natürlich darf ein Golfplatz von Weltniveau ebenso wenig fehlen wie ein Stadion für den Fußball-Erstligisten. Rund 20 000 Einwohner zählt der Urlaubsort, für den Ende der 1980er-Jahre der erste Spatenstich im Wüstensand gesetzt wurde. Das stetig weiter wachsende El-Guna ist dabei eine Idee des montenegrinisch-ägyptischen Geschäftsmanns, Milliardärs und Visionärs Samih Onsi Sawiris, die im Land der Pharaonen vielfach kopiert, aber niemals erreicht wurde.

Restaurants

€€–€€€ | **Chuchichäschtli – Swiss House** Ein Käsefondue in Ägypten am Roten Meer ist nicht wirklich stilecht, aber besser als hier bekommt man es auch nicht in Appenzell. ■ Sh. al-Balad, Tel. 01 11/348 99 44, tgl. 17–24 Uhr

Kneipen, Bars und Clubs

The Bartender Bar Cocktailbar am Jachthafen, deren Barkeeper ihr Metier verstehen. Die Atmosphäre, exzellente Musikauswahl (Chill-out, Lounge) und ein toll gestalteter Außenbereich lassen die Abend- und Nachtstunden genussvoll verfliegen. ■ Am Jachthafen Abu Tig, Tel. 065/358 05 21, tgl. 18–24 Uhr

38 Pauluskloster

Eines der ältesten durchgehend bewohnten Klöster der Welt

In der kargen, lebensfeindlichen östlichen Arabischen Wüste fanden in isolierten Felsentälern ab dem 3. Jh. frühchristliche Einsiedler Zuflucht vor Verfolgung, darunter der Heilige Paulus, ein »reicher Leute Kind aus Theben«. Über 113 Jahre soll er als Asket und Einsiedlermönch in seiner Höhle alt geworden sein. Löwen sollen ihm eine Grabgrube ausgehoben haben, so die Legende, wo heute das Kloster (Deir al-Anba Pola) steht. Über seiner damaligen Ruhestätte liegt die sehenswerte, mit frühchristlichen Fresken und Ikonen geschmückte Kirche aus dem 5. Jh., Klosterbauten folgten zwischen dem 6. und 8. Jh. Die Abtei stammt aus dem 16. Jh., nachdem Beduinen 1490 das Pauluskloster und das Antoniuskloster am Roten Meer geplündert hatten. Heiligster Ort ist die Höhlenkirche des Paulus, wo er selbst Jahrzehnte meditierte und nun im weißen Marmorsarkophag ruht.

■ Von Zaafarana über die Fernverkehrsstr. (65) Richtung Ras Ghareb und Hurghada, nach 25 km westl. abzweigen, das Kloster ist ausgeschildert, St. Paul's Rd., gesamte Strecke rd. 38 km, Tel. 01 27/751 11 85, keine festen Öffnungszeiten, So, orthodoxe Feiertage und in der Fastenzeit vor Ostern geschl., Spende erwünscht

39 Sues

Moderne Stadt an der südlichen Einfahrt zum Sueskanal

Information

■ TIO, Canal St., Tel. 062/333 11 41, Mo–Sa 8–15 Uhr

Über 500 000 Einwohner beherbergt die moderne arabische Stadt Sues (As-Suwais), rund 135 km östlich von Kairo. Die Pforte zum Sinai liegt am Südende einer der wichtigsten Wasserstraßen der Welt, dem Sueskanal. Er markiert die Grenze zwischen Afrika und Asien. Neben dem Blick auf die rege Frachtschifffahrt auf dem Kanal lohnen ein Spaziergang durch das Zentrum mit Kolonialbauten und ein Besuch des Nationalmuseums.

Sehenswert

Sueskanal
| **Schifffahrtskanal** |
Schon im alten Ägypten existierte eine Schifffahrtsverbindung vom Roten Meer zum Mittelmeer, jedoch mit anderer Führung (Bubastis-Kanal) ins

39 Sues

Bei Al-Qantarah spannt sich die As-Salam-Brücke über den Sueskanal

Nildelta. Unter dem römischen Kaiser Trajan verlief ein Kanal zum Nil auf der Höhe von Babylon (Al-Fustat, S.47) in Kairo. Der heutige Kanal (Qanat as-Suwais) geht auf die Mitte des 19. Jh. zurück. Feierlich eröffnet wurde die Verbindung nach Port Said, die den langen Umweg um das Kap der Guten Hoffnung erspart, erst 1869. Über 5 Mrd. US-$ nimmt Ägypten alljährlich durch Gebühren ein. Genießen Sie den Blick auf das Meisterwerk der Ingenieurskunst, zücken Sie aber nicht die Kamera, auch nicht für ein Selfie am Smartphone. Es droht eine Haftstrafe!

Nationalmuseum
| Museum |

Einen exzellenten Überblick über die mehr als 7000 Jahre alte Stadtgeschichte bietet das Nationalmuseum anhand von über 1500 Exponaten.

■ Mathaf as-Suways al-Qaumi', am Hafen auf der Tawfiq-Halbinsel, Sh. 23 July, tgl. 8–17 Uhr, 80 LE, erm. 40 LE, Foto-Ticket 50 LE

40 Scharm asch-Schaich

Erst kamen die Aussteiger und Hippies, dann der Massentourismus

Kaum zu glauben, dass es 1980 in Scharm asch-Schaich nur knapp 100 Einwohner, ein paar Bungalows und ein einziges Hotel gab. Bis zum Arabischen Frühling 2011 und einer Welle an Terroranschlägen in den vergangenen Jahren war die Urlauberstadt zusammen mit Hurghada das Zugpferd des Ägypten-Pauschaltourismus. Heute ist die Militärpräsenz in der inzwischen knapp 80 000 Einwohner zählenden,

Scharm asch-Schaich 40

im Glanz etwas verblassten Touristenhochburg nach wie vor unübersehbar. Beliebteste Bucht und touristisches Zentrum, auch für das Nachtleben, ist die Na'ama Bay. Im alten Ort (»Old Sharm«) gibt es Restaurants, Cafés, Shoppingmöglichkeiten und die neue Es-Sahaba-Moschee von 2016 (Sh. es-Souk) beim Souk (»Old Market«).

Sehenswert

The Heavenly Cathedral
| Koptische Kirche |

Die koptische Kirche wurde 2008 errichtet und besticht neben ihrem neuen Glanz mit herrlichen Fresken, die Malermeister in der schier unglaublichen Rekordzeit von nur zwei Jahren fertigstellten. Jenes in der Kuppel raubt einem den Atem. Die Buntglasfenster sind ein weiterer Blickfang!

■ Hey el-Noor, tgl. 9–17 Uhr, ausgenommen Gottesdienste, Spende erwünscht, Frauen in kurzen Röcken oder schulterfreien Tops bekommen einen Umhang

King Tut Museum
| Museum |

Hervorragende Repliken der Originale aus dem Grab des Tutanchamun (S. 84), in Summe 135 repräsentative Stücke, zeigt dieses Museum in der beliebten Genena-City-Shoppingmall. Die Kopien wurden unter den Argusaugen des Antiquitätenministeriums angefertigt.

■ Sh. Halumi 38, Tel. 01 11/891 66 66, www.genenacity.com/king-tut-museum, tgl. 12–24 Uhr, 15 US-$, bis 12 J. frei

Ras um-Sid
| Strand |

Dies ist einer der wenigen Strände, die nicht zu Hotels gehören. In der Bucht gibt es eine Top-Infrastruktur, Cafés, Liegen und Sonnenschirme.

■ Sh. el-Bahr, tgl. 8–24 Uhr, 40 LE inkl. Handtuch, ein alkoholfreies Getränk und eine Wasserflasche

Restaurants

€€–€€€ | Mandarin Bistro Am abends und nachts überaus belebten Soho Square gelegen, bietet dieses Restaurant herrliche asiatische Küche. ■ Midan Soho, Tel. 01 00/01 09 109, www.soho-sharm.com, tgl. 12–23.30 Uhr

Cafés

Farsha Cafe Auf der Klippe über dem Strand Ras um-Sid ist das Café-Restaurant seit Jahren eine Institution. Faire Preise, ausgesprochen gutes Essen, vegetarische Gerichte, Chill-out-Musik, alles geschmackvoll im Orientstil dekoriert. ■ Ras um-Sid, Um Sid Hill (Tal-um-Sid), Tel. 01 22/236 02 69, tgl. 11–1.30 Uhr

Kneipen, Bars und Clubs

Terrazzina Beach Wer Lust auf eine ausgelassene Party hat, ist in diesem Beach Club richtig, Live-DJ, Live-Musik, kühles Bier und Cocktails. Tagsüber ist es ein entspannter Treffpunkt für Familien mit herumtollenden Kindern, die hier plantschen können. ■ Sh. Mohammed al-Yamani, westlich des Iberotel Palace, Tel. 01 00/500 66 21, www.terrazzina.com, tgl. 8–24 Uhr

Sport

Freediving World Apnea Center Sukzessive wird diese natürliche Form des Tauchens ohne Sauerstofftank zum

Breitensport. Gemanagt von Andrea Zuccari, mehrfacher Rekordhalter, ist das Center die erste Adresse in Ägypten für Apnoe-Tauchen. Zuerst übt man im Pool, dann im offenen Meer.
■ Im Sharm Club Hotel, Tel. 01 09/502 60 35, www.freedivingworld.it/en

41 Nationalpark Ras Mohammed

 Das Schutzgebiet zählt zu den besten Tauchspots Ägyptens

Information

■ Besucherzentrum an der Zufahrtsstraße in den Park, Tel. 069/366 05 59, Sa–Do 7–16 Uhr
■ Über die Fernverkehrsstr. von Scharm asch-Schaich Richtung El-Tor, rd. 20 km westl. von Scharm asch-Schaich südl. auf die Ras-Mohammed Rd. abzweigen, tgl. 7–16 Uhr, Parkgebühr 40 LE

Abtauchen in die bunte Unterwasserwelt des Nationalparks Ras Mohammed

■ Reisepass mitnehmen! Sie brauchen ein Ägypten-Visum, das Sinai-Visum (S. 123) reicht nicht!

Natürlich lockt besonders die reiche Unterwasserwelt des Nationalparks (Mahmiyyat Ra's Muhammad), aber auch die karge Wüste, der erhabene Ausblick vom südlichsten Punkt des Sinai auf das Rote Meer, mit dem Golf von Akaba im Osten und dem Golf von Sues im Westen, bietet unvergessliche Eindrücke. Die Mangrovenhaine (»Mangrove Channel«) sollten Sie ebenso wenig missen wie den Salzsee und den nur 1,20 m breiten, mit türkisblauem Meerwasser bis zu 14 m tief gefüllten Spalt (»Earthquake Crack«), den ein heftiges Beben 1969 öffnete.

Sehenswert

Shark Observatory
| Aussichtspunkt |
Von einer Felsklippe in 54 m Höhe über dem Meer kann man mit Ferngläsern Ausschau halten nach den Räubern der Meere, von denen man aber nur mit viel Glück eine Rückenflosse erkennen kann. Haie zählen längst zu den bedrohten Arten, dafür begleiten Delfine die vielen Ausflugsboote.

Hai- und Yolanda-Riff
| Tauchspot |
Auch wenn die Riffe dem Nationalparkschutz zum Trotz stark in Mitleidenschaft gezogen wurden, liegen hier mit die besten Schnorchel- und Tauchspots am Roten Meer. Die berühmtesten sind das Hai- und Yolanda-Riff bei der Barrakuda-Bucht (für Schnorchler), wo das Wrack eines zypriotischen Frachters auf Grund liegt. Empfehlenswert: Makrelen-Allee und Aalgarten.

Die Doline des Blue Hole bei Dahab ist ein Naturwunder

■ Info und Tagestouren u. a. über Werner Lau, Tel. 01 00/505 41 48, www.wernerlau.com, der in Scharm asch-Schaich (Hotel Eden Rock, Na'ama Bay) eine Tauchschule betreibt

42 Dahab

Herrliche Strände, eine »Blaue Lagune« und die einzigartige Doline »Blue Hole«

In Dahab geht es weitaus gemächlicher zu als im nördlichen Scharm asch-Schaich, auch wenn mehr und mehr Hotels aus dem Wüstenboden sprießen. Der Küstenort zieht aber nach wie vor noch Rucksacktouristen an, die hier preiswerte Unterkünfte an herrlichen Stränden vorfinden. Vor der Küste lockt ein Unterwassermuseum mit versunkenen Repliken altägyptischer Skulpturen Schnorchler und Taucher an.

Restaurants

€€ | **Shark Restaurant** Seit Jahren die beste Adresse für Fischgerichte und Meeresfrüchte, mit traumhaft schönem Meerblick. ■ An der Strandpromenade, Tel. 01 01/313 33 48 u. 01 29/81 33 88, www.sharkrestaurantdahab.weebly.com, tgl. 12–23.30 Uhr

Cafés

Ralphs German Bakery Eine deutsche Bäckerei in Ägypten, in der man bereits früh am Morgen ein Frühstück fast wie daheim genießen kann, ist eine willkommene Abwechslung in Ägypten. Die Mohn-»Weckle« und Mandelcroissants sind ein Gedicht! ■ Peace Square (Midan as-Salam), Tel. 069/36 527 15, www.ralphsgermanbakery.com, tgl. 7–20 Uhr

42 Dahab

Ein Spross von Moses' Dornbusch steht hinter den Mauern des Katharinenklosters

⚽ Sport

Big Blue Dahab Tauchcenter (PADI) mit einem top geschulten Team, überaus freundlich und hilfsbereit, das einen zu den besten Spots bringt, darunter auch das »Blue Hole«. ■ Sh. el-Mashtaba, Tel. 069/3640045, bigbluedahab.com, tgl. 7–18.30 Uhr

In der Umgebung

Blue Lagoon
| Lagune |

Am besten mit dem Bootstaxi (500 LE, hin und zurück) von Ras Abu Galum erreicht man diese herrliche Lagune, wo es abseits einiger Kite- und Surfschulen einen einfachen Campingplatz mit Bungalows und gepflegtem Hippie-Charme gibt. Ideal für einen Tagesausflug, im Idealfall mit einer Camping-Übernachtung zum Sternegucken, und »Digital Detox«. Wasser und Verpflegung nicht vergessen! Surfausrüstung kann vor Ort gemietet werden.
 www.dahab-stars.com

Blue Hole
| Doline |

Es ist mit 130 m Tiefe ein einzigartiges Naturwunder, nur das Great Blue Hole in Belize ist größer und das Dean's Blue Hole auf den Bahamas tiefer. Allein der Anblick von der Küste des tiefblauen »Auges« ist atemberaubend. Am besten genießt man das Panorama vom Agua Marina Restaurant aus (tgl. 9–17 Uhr). Es lohnt sich, frühmorgens zu kommen, ab Mittag ist der magische Ort oft schon überlaufen.
■ Blue Hole Rd., 10 km südöstl. von Dahab, ganztägig frei zugänglich, Taxi aus Scharm asch-Schaich rd. 300 LE, aus Dahab 70 LE einfach, vor Ort können

Katharinenkloster und Mosesberg 44

Taucher und Schnorchler Ausrüstung mieten (rd. 25 € pro Tauchgang, Testtauchgang und Guide sind Pflicht, AOWD oder PADI empfohlen)

43 Oase Aïn Khudra

Palmenoase, umgeben von weißem Sandsteingebirge und Canyons

Auf dem Weg von Nuwaiba zum Katharinenkloster und Mosesberg oder als Haltepunkt von Allrad-Safaris und Sinai-Steinwüstentreks zu den Naturwundern der Halbinsel ist die herrlich gelegene Aïn-Khudra-Oase (Wahat al-Aïn-Khudra) ein Juwel. Der Legende nach soll hier Mirjam, die alttestamentarische Prophetin und Schwester von Moses, Lepra bekommen haben, weil sie ihren Bruder kritisierte. Eingeritzt in die umliegenden Felsen finden sich Inschriften in Nabatäisch, Hebräisch, Latein, Griechisch und auch von Kreuzrittern. Badesachen nicht vergessen, in der Oase kann man, sofern ausreichend Wasser vorhanden ist, ein erfrischendes Bad nehmen!

 Wandern

White Canyon (Al-Wadi 'Abyad) Wegen des hohen Kalkgehalts des Sandsteins ist diese Schlucht, wie der Name verspricht, unglaublich hell, teils fast weiß. Man muss kein Profi sein, mäßige Beweglichkeit und körperliche Fitness reichen für die kurze (30–45 Min.), aber abenteuerliche Tour vollkommen aus!
■ Rd. 1 Std. Fahrt von Dahab, an der Straße zum Katharinenkloster, Allradantrieb erforderlich, am besten bucht man die Tour über einen professionellen Anbieter vor Ort, 750–1000 LE p. P., je nach Dauer (Tagesausflug) und Verhandlungsgeschick

Closed Canyon (Al-Wadi al-Maghliq) Die »geschlossene Schlucht« ist wegen der schroffen Felswände und Felsformationen noch eindrucksvoller als die weiße. Teils passt ein menschlicher Körper nur knapp durch die engen Spalten. Ein Abenteuer, das Outdoor-Fans ewig in Erinnerung bewahren werden. Die Wanderung lässt sich in einem Tagesausflug mit dem White Canyon verbinden.

44 Katharinenkloster und Mosesberg

Auf dem Berg Sinai erhielt Moses von Gott die Zehn Gebote überreicht

 Information

■ Im Kloster, Tel. 069/347 03 53 u. 347 03 43, www.sinaimonastery.com, Mo–Do u. Sa 9–12 Uhr
■ Informieren Sie sich bei Ihrer Botschaft über die aktuelle Sicherheitslage und geben Sie der Auslandsvertretung Ihre Reisepläne bekannt!

 Sehenswert

Katharinenkloster
| Kloster |
Das griechisch-orthodoxe Katharinenkloster (Deir Sant Katrin) liegt im kargen Hinterland auf über 1500 m Höhe. Seit 2002 zählt die festungsgleiche Anlage aus dem 6. Jh. zum UNESCO-Weltkulturerbe. Die hohen Mauern bergen die nach dem Vatikan größte christliche Bibliothek (über 6000 Manuskripte), mit einem Schutzbrief, den der Prophet Mohammed selbst verfasst haben soll. Über 2000 nicht minder kostbare Ikonen zieren das Innere der Kirchen und Kapellen. Die Kathari-

44 Katharinenkloster und Mosesberg

nenkirche selbst geht ebenso auf die Gründung zurück. Ein angeblicher Spross von Moses' Dornenbusch wächst im Klosterhof.

■ Mo–Do u. Sa 9–12, letzter Einlass 11.30 Uhr, Fr u. So sowie an griechisch-orthodoxen Feiertagen geschl., Spende erwünscht, Klostermuseum 20 LE, am Militärcheckpoint sind 60 LE Gebühr für das Naturschutzgebiet zu zahlen

Mosesberg
| Berg |

Auf dem Gipfel in luftigen 2285 m Höhe soll Gott Moses die Zehn Gebote überreicht haben. Aber auch Muslimen ist der Dschebel Musa heilig, immerhin war es der letzte irdische Haltepunkt des Propheten Mohammed auf seinem pferdeähnlichen mythischen Reittier (al-Buraq), bevor er ins Himmelreich gelangte. Vom Fuße auf 1850 m bis zur Gipfelkapelle, die 1932 auf den Ruinen der Basilika aus dem 6. Jh. von Justinian I. errichtet wurde, und der Moschee sind rund 4000 Treppenstufen zu bewältigen: über 700 Höhenmeter auf nur 2,5 km Wegstrecke. Sparen Sie sich ein wenig Kraft für die letzten 750 Stufen des finalen Steilstücks! Wer körperlich mäßig fit ist, sollte insgesamt nicht mehr als drei Stunden dafür benötigen. Wer zum Spektakel des Sonnenaufgangs auf dem Gipfel sein will, sollte spätestens um 3 Uhr morgens aufbrechen.

■ Aufstiege im Gänsemarsch mit Pilgerscharen sind zurzeit eher die Ausnahme, insbesondere in der Nacht zu Fr u. So, wenn das Kloster geschlossen ist. Wer die Stufen nicht selbst erklimmen kann oder möchte, kann dies auf dem Rücken eines Dromedars machen (Verhandlungsbasis: 600 LE). Nehmen Sie ausreichend Wasser, Proviant und warme Kleidung mit sowie für den Nachtaufstieg eine Taschen- oder Stirnlampe!

ADAC *Mobil*

Am besten erreicht man das Kloster und den Mosesberg mit **Mikrobussen** oder **(Sammel-)Taxis** von den Resorthotels am Roten Meer, Scharm asch-Schaich, Dahab oder auch Sues. Zudem gibt es zweimal wöchentlich Linienbusverbindungen von **East Delta Bus** aus Nuwaiba (bei der Bus-Station) nach St. Catherine (bei der Moschee), Mi u. So, Abfahrt 14.30 Uhr, Ankunft 16.30 Uhr, einfache Fahrt 75 LE. Ein weiterer Anbieter ist **Bedouin Bus** (Nuwaiba, Dahab, Tel. 01 00/368 68 42, www.bedouinbus.com).
Vom Dorf bringen einen Sammeltaxis zum Kloster (rd. 5–10 LE p. P.), sonst rd. 45 Min. Fußmarsch.
Organisierte Touren von den Resorts: www.sheikmousa.com.

45 Nuwaiba

Einsame Strände, Beduinen-Camps und Bungalows

i Information

■ Informieren Sie sich bei Ihrer Botschaft über die aktuelle Sicherheitslage, und geben Sie der Auslandsvertretung Ihre Reisepläne bekannt!

Malerisch gelegen an der Küste des Golfs von Akaba vor den Felswänden des Sinai-Massivs, entwickelt sich in Nuwaiba allmählich ein nachhaltiger Tourismussektor mit Resorthotels, aber auch Campingplätzen und Bun-

Coloured Canyon, ein Hauch von Wildem Westen in der Sinai-Wüste

galowanlagen direkt am Meer. Die Kleinstadt bietet einige Restaurants und Tauchschulen (www.africandiversnuweiba.com). Herrlich entspannt ist es um die Dünen des Sandstrands Tarabin mit kleinen Camps, Restaurants und Teehäusern mit Meerblick.

 Sehenswert

Coloured Canyon (Al-Wadi al-Malun)
| Schlucht |

 Unglaublich bunt erstrahlt die schönste Sinai-Schlucht

Als körperlich mittelmäßig fitte Person und auch mit Kindern, die etwas Berg- und Klettererfahrung haben, ist diese Tour in geologisch einzigartigem Terrain machbar. Festes Schuhwerk ist ein Muss. Badesachen einpacken, denn im malerischen Wadi el-Weshwashy an der Zufahrt zum Coloured Canyon kann man sich in einem natürlichen Pool den Schweiß der Tour abwaschen. Wegen der herrlichen Lichtstimmungen zum Sonnenauf- bzw. -untergang bietet sich eine Übernachtung im Beduinenzelt an.

■ Mit einer Allrad-Safari aus Nuwaiba als Tagesausflug erreichbar, nur mit offiziellen Fremdenführern in einer Tourgruppe, rechnen Sie mit etwa 1000 LE p. P.

 Restaurants

€ | **Sahara Beach Camp** Stimmungsvolles Dinner am Lagerfeuer, feine ägyptische Küche. ■ Ras Sheitan, an der Nuwaiba–Taba Rd., 20 km nördl. von Nuwaiba, Tel. 01 00/507 36 52, www.saharabeach.net, tgl. 10–23 Uhr

€€–€€€ | **Castle Zaman** Ein Slow-Food-Menü, das zu den besten Ägyptens zählt, dazu ein Spa und ein traumhafter natürlicher Pool-Bereich am Privatstrand. Die überaus elegant renovierte Burganlage blickt auf den Golf von Akaba und die Küste Saudi-Arabiens vis-à-vis. ■ An der Fernverkehrsstr. (50) auf halbem Weg von Nuwaiba nach Taba, Tel. 069/350 12 34, Mobil: 01 28/2140591, www.castlezaman.com, tgl. 12–21 Uhr, Reservierung mind. am Tag zuvor

Die Küste des Roten Meeres und des Sinai

 Übernachten

Zwei der touristischsten Urlaubsorte Ägyptens, Hurghada und Scharm asch-Schaich, sind seit Jahrzehnten beliebte und auch für Familien preiswerte Destinationen. Mit herrlichen Hotelstränden, gepflegten Pool-Welten und Erlebnisparks sind sie ein Garant für unvergessliche Ferien mit Kindern oder als Pärchen in orientalisch-romantischen Resorthotels mit Wellnessoasen exklusiv für Erwachsene. Selbst Luxusanlagen sind in Ägypten und für Frühbucher durchaus preiswert zu buchen.

Marsa Alam 104

(25) €€–€€€ | **Gorgonia Beach Resort** Herrlich (ab-)gelegenes Fünf-Sterne-Hotel (europäisch: max. 4,5 Sterne), just am Nationalpark Wadi al-Gimal und unweit des Scharm-el-Luli-Strands. Wunderbares Hausriff, perfekter Service, tolle Pool-Landschaft, Spitzen-Restaurants und überaus kinderfreundlich. ■ An der Straße nach Asch-Schalatin, KM 46, 84737 Marsa Alam, Tel. 01 06/880 17 41, gorgonia beach.printedita.it

€€€ | **The Palace Port Ghalib** Fünf-Sterne-Resort in der neuen Urlaubsstadt Port Ghalib. Herrlich in islamischer Architektur gehalten, werden hier keine Erwartungen enttäuscht. ■ An der Straße von Al-Qusair nach Marsa Alam, 63 km nördl. von Marsa Alam, nicht zu verfehlen, 84738 Marsa Alam, Tel. 065/336 00 00, www.portghalib.com/hotels/the-palace-port-ghalib

Al-Qusair 106

€–€€ | **Rocky Valley Divers Camp** Die Eco Lodge ist ein Kontrast zu den Resorthotels um Hurghada. »Back to the basics« ist das Motto. Geschmackvoll mit dem Nötigsten eingerichtete Bungalows und zwei Beduinenzelte. Ausschließlich Solarenergie, die WC-Spülung funktioniert mit Salzwasser. Wunderschöner Privatstrand, Tauchcenter, auch für Schnorchler beste Bedingungen am Hausriff. Exzellente Verpflegung vor Ort. Die Abende klingen stimmungsvoll am Lagerfeuer aus. ■ Safaga–Al-Qusair Rd., 15 km nördl. von Al-Qusair, 84712 Al-Qusair, Tel. 065/333 52 47, Mobil: 01 00/653 29 64, www.rockyvalleydiverscamp.com

€€ | **Flamenco-Beach Resort** Familienfreundliches Vier-Sterne-Resort mit schöner Pool-Landschaft und Traumstrand. Die Zimmer auf der Südseite werden jedoch nachts vom Ali-Baba-Beachclub beschallt. Am Hausriff können Taucher bei der Basis von www.diving.de (S. 106) mit etwas Glück Bekanntschaft mit einem weiteren Stammgast machen: einem Walhai. ■ An der Al-Qusair–Safaga Rd., 7 km vor Al-Qusair, nicht zu verfehlen, 84712 Al-Qusair, Tel. 065/335 02 00, www.flamencohotels.com

Soma Bay 107

€€–€€€ | **Sheraton Soma Bay Resort** Große, moderne Zimmer mit Meerblick. Der sanft abfallende Sandstrand in der hufeisenförmigen Bucht ist ideal für Kinder und wartet mit einer herrlichen Unterwasserwelt auf. ■ Soma Bay, an der Straße Safaga–Hurghada, rd. 30 km nördl. von Safaga, 84711 Safaga, Tel. 065/356 25 84, www.marriott.de

Hurghada 107

€–€€ | Hotel Golden Rose Preiswertes, sauberes, zentrales Drei-Sterne-Hotel mit feinem Frühstücksbuffet und Zugang zum Privatstrand (kostenlos), der leider weitaus gepflegter sein könnte. ■ Sh. Sheraton, 84511 Hurghada, Tel. 065/344 08 71, Mobil: 01 06/333 35 65, www.goldenrosehotel.com

€€€ | Steigenberger Al Dau Beach Hotel Eines der besten, größten und schönsten Resort-Hotels in Hurghada. Auf der weitläufigen Anlage und dem riesigen Strand verteilen sich die Gäste ausgesprochen gut. Selbst beim Abendessen und am Buffet herrscht kein Gedränge. Top-Service, klasse Restaurants und Tauchcenter. Ideal für Paare und Familien gleichermaßen. ■ Sh. Youssef Afifi, 84111 Hurghada, Tel. 065/34 65 400, www.steigenbergeraldauresort.com

El-Guna 109

€€–€€€ | Mövenpick Resort & Spa El Gouna Traumstrände an der künstlichen Lagune von El-Guna, große Komfortzimmer, ideale Lage unweit der Downtown für alle, die ein wenig das Nachtleben der Resortstadt genießen wollen. Herrliche Swimmingpools, überaus beliebt ist der Kid's Club. ■ Hill Villas Rd., 84513 El-Guna, Tel. 065/354 45 01, www.movenpick.com

Scharm asch-Schaich 112

€€ | Stella Di Mare Beach Hotel & Spa Preiswertes, zentrales Fünf-Sterne-Hotel (real vier Sterne), herrlicher Spa-Bereich und überaus professionelle Massagen, Privatstrand, etwas in die Jahre gekommen, aber absolut korrekt im Preis-Leistungs-Verhältnis. ■ Na'ama Bay, 46619 Scharm asch-Schaich, Tel. 022/530 83 73, www.stelladimare-sharm.com

€€€ | Mövenpick Resort Die preislich gehobene Wahl in Scharm asch-Schaich, ideal für Familien, alleine das Spitzenrestaurant El-Kababgy (ägyptisch, auch vegetarisch, tgl. 18.30–22.30 Uhr) lohnt sich! ■ Na'ama Bay, 46619 Scharm asch-Schaich, Tel. 069/360 00 81, www.movenpick.com

Nuwaiba 118

€ | Rock Sea Beach Camp In typischen Sinai-Hütten oder Bungalows nächtigt man direkt am Strand, klasse Bio-Verpflegung, herzliche Belegschaft. Im großen Gemeinschaftszelt werden Yoga- u. a. Kurse abgehalten und Konzerte aufgeführt. ■ Nuwaiba–Taba Rd., 17 km nördl. von Nuwaiba, 46618 Nuwaiba, Mobil: 01 00/847 85 87 (Sherief) u. 01 12/529 25 27, www.rocksea.net

€–€€ | Aqua Sun Geräumige Deluxe-Zimmer mit spektakulärem Blick auf das nur 30–40 m entfernte Meer (Golf von Akaba) mit der saudi-arabischen Küste, auch typische, spartanische Bungalow-Hütten kann man buchen – und Yoga-Kurse. Herrliche, ruhige Lage! ■ 33 km nördl. von Nuwaiba, auf der Fernverkehrsstraße (55) Richtung Taba, beim Castle Zaman, 46622 Nuwaiba, Tel. 01 22/069 65 38, www.aquasunhotels.com

ADAC Service Ägypten

Beim **ADAC Infoservice**, in den **ADAC Geschäftsstellen** sowie auf dem **Internetportal des ADAC** (adac.de) erhalten Sie Informationen zu den Dienstleistungen des Automobilclubs und zu Ihrem Reiseziel. Als **ADAC Mitglied** können Sie zudem das kostenlose **ADAC TourSet® Ägypten** mit vielen Reiseinfos und Karten anfordern oder die **TourSet App** auf dem **Smartphone** oder **Tablet-PC** installieren (adac.de/toursetapp).
Rufen Sie bei Notfällen und Pannen den **ADAC Notruf** bzw. den **ADAC Auslandsnotruf** an. Unser Team steht Ihnen rund um die Uhr zur Verfügung.

ADAC Infoservice
Tel. 0800/510 11 12
Infos zu allen ADAC Leistungen
(Mo–Sa 8–20 Uhr, gebührenfrei)

ADAC Notruf Deutschland
Tel. 0180/222 22 22
(24 Std., ca. 6 ct/Anruf, max. 42 ct/Min. aus deutschem Mobilfunknetz)

ADAC Notruf Mobil-Kurzwahl
Tel. 22 22 22
(Gebühren variieren je nach Netzbetreiber)

ADAC Auslandsnotruf
Tel. +49/89/22 22 22
(Gebühren variieren je nach Netzbetreiber und Land)

Internet-Serviceangebote des ADAC für Ihre Reiseplanung

Service	Webadresse
Aktuelle Verkehrslage	adac.de/verkehr
ADAC Routenplaner	adac.de/maps
Infos zu Tankstellen und Spritpreisen	adac.de/tanken
Infos zu mautpflichtigen Strecken	adac.de/maut
Infos zu Fährverbindungen	adac.de/faehren
ADAC TourMail (Aktuelle Infos vor Anreise)	adac.de/tourmail
Informationen für Camper	adac.de/camping
Informationen für Motorradfahrer	adac.de/motorrad
Informationen für Segler und Skipper	adac.de/sportschifffahrt
ADAC Reiseangebote	adacreisen.de
ADAC Autovermietung	adac.de/autovermietung
ADAC Versicherungen für den Urlaub	adac.de/versicherungen
Weltweite Preisvorteile für ADAC Mitglieder	adac.de/vorteile-international

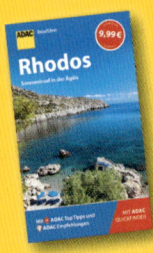

Diese **Produkte des ADAC** könnten Sie interessieren: **ADAC Reiseführer Mallorca**, **ADAC Reiseführer Rhodos** und **ADAC Reiseführer Toskana** – erhältlich im Buchhandel, bei den ADAC Geschäftsstellen und in unserem ADAC Online-Shop (adac.de/shop).

Ägypten von A–Z

Anreise und Einreise

Flugzeug
Die gängigste, bequemste und schnellste Variante, nach Ägypten zu gelangen, ist das Flugzeug. Ein Großteil der internationalen Fluglinien – Lufthansa, Austrian, Swiss, Alitalia und natürlich Ägyptens staatliche Egyptair (Star-Alliance-Mitglied) – fliegt den **Internationalen Flughafen Kairo** (CAI, www.cairo-airport.com) an. Rechnen Sie mit etwa 300–600 € für Hin- und Rückflug. **Charterflüge** bringen Pauschaltouristen direkt zum Strand- bzw. Tauchurlaub nach **Hurghada, Scharm asch-Schaich** oder **Marsa Alam**. Auch die Billigfluglinie **Easy Jet** fliegt etwa von Berlin-Tegel oder Genf nach Hurghada, zur Saison werden auch Marsa Alam und Scharm asch-Schaich angesteuert. Taxis verkehren für etwa 150 LE ins Zentrum, verhandeln Sie!

Einreise und Dokumente
Für die Einreise benötigen Sie einen mindestens noch sechs Monate über den geplanten Aufenthalt hinaus gültigen Reisepass oder Personalausweis. Mit Letzterem erhalten sie eine Einreisekarte (zwei biometrische Passfotos nicht vergessen!). Kinder brauchen einen eigenen Pass oder Personalausweis. Eine praktische Variante ist das **digitale E-Visa** zu 25 US-$ für 28 Tage. Für 60 US-$ erhält man die Möglichkeit der mehrmaligen Ein- bzw. Ausreise. E-Visum: www.visa2egypt.gov.eg (mindestens 7 Werktage vor Abreise beantragen). Ansonsten erhalten Sie ein **Visum am Flughafen** in Ägypten, nachdem bei einer der Banken in der Ankunftshalle die Gebühr bezahlt wurde, und bei den Botschaften (S. 125). Für den Sinai gibt es »**Sinai-only**«-Visa (2 Passbilder); sie sind kostenlos und 14 (+1) Tage gültig – mit Einschränkungen, etwa was den Besuch des Ras-Mohammed-Nationalparks betrifft.

Um ermäßigten Eintritt bei Sehenswürdigkeiten und Museen wie auch dem Cairo- und Luxor-Pass (S. 42) zu erhalten, ist ein aktueller **Studentenausweis** bzw. die **International Student Card** unabdingbar.

Auto und Straßenverkehr

Führerschein und Papiere
Um in Ägypten ein Fahrzeug zu lenken, brauchen Sie einen **Internationalen Führerschein**. Der im Format einer Scheckkarte in der EU geläufige, aber auch der aus der Schweiz, erfüllt diese Voraussetzung.

Tempolimits in Ägypten

Straße	Tempolimit
Autobahn	max. 100 km/h
Schnell- bzw. Überlandstraße	max. 90 km/h
Landstraße	max. 90 km/h
Ortsgebiet	max. 60 km/h

Straßennetz und Sicherheit
Fahren Sie in allererster Linie defensiv und sehr aufmerksam. Vermeiden Sie es tunlichst, in der Nacht zu fahren. Das gilt auch für Überlandfahrten im Taxi oder mit privat angeheuerten Fahrern und Linienbussen (S. 134). Nicht nur, dass viele Ägypter ohne Licht und mit weit überhöhter Geschwindigkeit unterwegs sind, auch Hindernisse nach Steinschlägen oder tiefe Schlaglöcher auf der Piste können verheerende Unfälle auslösen. Mehr als 25 000 Menschen verlieren alljährlich ihr Leben auf ägyptischen Straßen!

Ägypten von A–Z

Ein **Kindersitz** ist nicht Pflicht, doch ist es überaus ratsam, den eigenen mitzunehmen, auch für Fahrten mit Taxis oder Privatchauffeuren.

Verkehrsvorschriften

Es gibt nur eine Sache, die an einem Auto in Ägypten wichtig ist: die Hupe. Die meisten Ampeln und Verkehrszeichen dienen wie auch Bodenmarkierungen als Dekor. An Tempolimits halten sich die wenigsten. **Sicherheitsgurte** sind zwar Pflicht, doch so gut wie niemand legt sie an. Auch das Handyverbot interessiert niemanden. Die Polizei machte zuletzt verstärkt Radarkontrollen. Auch geringe **Geschwindigkeitsüberschreitungen** werden geahndet, mit meist 100–500 LE Bußgeld. Bezahlen Sie vor Ort. Im schlimmsten Fall, bei gröberen Geschwindigkeitsüberschreitungen (500–1000 LE Buße), droht gar eine dreimonatige Haftstrafe. Zudem kann es passieren, dass Ihr Führerschein einbehalten wird. Diesen können Sie nur in Kairo zurückbekommen!
Es herrscht striktes **Alkoholverbot** am Steuer (0,0 Promille).

Tanken

Der Treibstoffpreis liegt weit unter dem in Deutschland, Österreich oder der Schweiz: 1 Liter Benzin (92 Oktan) kostet knapp 0,30–0,35 € (6,5 LE). Tankstellen finden sich auch abseits der Ballungsräume, v.a. entlang der wichtigsten Überlandstraßen und Autobahnen. Für längere Fahrten, etwa in abgelegene Oasen, ist es ratsam, den Tank randvoll zu haben.

Parken

Parkhäuser finden sich v.a. in Kairo und Alexandria, teils mit automatischer Abrechnung, Kurzparkzonen sind ausgesprochen rar. Bei öffentlichen Parkplätzen muss man beim Parkwächter direkt bezahlen. Falschparkern droht eine Wegfahrsperre.

Unfall und Panne

Kleinere Kontakt-, Lack- und Blechschäden an der Karosserie und deren Plastikteilen werden meist ignoriert. Seien Sie auch nicht pingelig, was Kratzer und minimale Beulen betrifft. Rufen Sie aber in jedem Fall Ihren Mietwagenanbieter über die Hotline an. Dort wird man Ihnen Auskunft geben, ob es notwendig ist, die Polizei zu informieren, und wie dringlich ein Unfallbericht ist.
Falls Sie mit Ihrem Wagen liegen bleiben, wenden Sie sich an den **Pannenhilfe- und Abschleppdienst** TAMCO, Tel. 02/23 63 01 58.

Notrufnummern

Außerhalb von Kairo oder bei Notrufen vom Mobiltelefon muss die Vorwahl der Region gewählt werden:

- Rettung 123
- Polizei 122
- Feuerwehr 180
- Unfall (Verkehrspolizei) 128
- Autobahnnotruf 01/21 11 00 00

Barrierefreies Reisen

Ägypten bietet eine Fülle an Möglichkeiten für den Urlaub mit eingeschränkter Mobilität, eine Vielzahl an Tempeln (Luxor, Karnak), Museen, ja bis zu Gräbern im Tal der Könige, können mit dem Rollstuhl über Rampen und ggf. mit einem kräftigen Guide besucht werden. Hotels bieten teils Zimmer mit eigens für Ihre Bedürfnisse

Ägypten von A–Z

abgestimmtem Equipment, und auch private Fahrdienste haben adäquate Pkw und Kleinbusse. Tauchschulen bieten Safari-Boote für Menschen mit eingeschränkter Mobilität an.

Diplomatische Vertretungen

Sollten Sie in Ägypten in Notsituationen oder in Konflikte mit den Behörden sowie der Polizei geraten, leistet Ihnen Ihre Botschaft Hilfe:

Deutsche Botschaft

■ Sh. Berlin (auch Sh. Hassan Sabri) 2B, 11211 Kairo, auf der Nil-Insel Zemalek, Tel. 02/272 82 00-0, im Notfall 012 22 13 65 38, www.kairo.diplo.de, So–Mi 8.30–16.30, Do 8.30–13.30 Uhr

Österreichische Botschaft

■ Riyadth-Tower, 5. Stock, Sh. Wissa Wassef 5, Ecke Sh. el-Nil, 11111 Gizeh, Tel. 02/357 02 97-5, im Notfall 010 66 38 88 35, www.bmeia.gv.at/oeb-kairo, So–Do 8–11 Uhr

Schweizerische Botschaft

■ Sh. Abd el-Khalek Sarwat 10, Garden City, 11511 Kairo, Tel. 02/257 58 28-4, im Notfall 01 27 44 43 33, www.eda.admin.ch/cairo, So–Do 9–12 Uhr

Feiertage

1. Januar (Neujahr), 7. Januar (koptisch-christliches Weihnachtsfest), 19. Januar (koptisches Dreikönigsfest), 25. April (Tag der Befreiung des Sinai), Ende April/Anfang Mai (Frühlingsfest Sham en-Nessim), 1. Mai (Tag der Arbeit), 23. Juli (Jahrestag der Revolution von 1952), 6. Oktober (Tag der Streitkräfte). **Muslimische Feiertag**e richten sich nach dem islamischen (Mond)Kalender, woraus sich alljährlich Verschiebungen ergeben (pro Jahr zum Sonnenkalender etwa 10–11 Tage zurück). Der Fastenmonat **Ramadan** (ca. 23. April–23. Mai 2020, 12. April–11. Mai 2021, 2. April–1. Mai 2022) endet mit dem »Kleinen Fest« des Fastenbrechens, **Aid el-Fitr** (3.–4. Juni 2019, 23.–24. Mai 2020, 12.–13. Mai 2021). **Aid el-Adha**, das »Große Fest«, ist das islamische Opferfest und der wichtigste islamische Feiertag (ab 11. Aug. 2019, ab 1. Aug. 2020, ab 19. Juli 2012). **Ras as-Sana el-Hejria** ist das islamische Neujahrsfest (31. Aug.–1. Sept. 2019, 19.–20. Aug. 2020, 9.–10. Aug. 2021) und **Mouled en-Nabi** der Geburtstag des Propheten Mohammed (9.–10. Nov. 2019, 28.–29. Okt. 2020, 18.–19. Okt. 2021).

Geld und Währung

Landeswährung ist das **Ägyptische Pfund LE** (auch EGP). Achten Sie v.a. auf die roten 50er-Noten, denn es sind auch quasi wertlose grüne 50-Piaster-Scheine im Umlauf. Wechselkurs-Apps sind praktisch, um die Kursentwicklung im Auge zu behalten.

Wechselkurse

(Stand: 03/2019)

1 €	20 LE
1 CHF	18 LE
10 LE	0,50 €
10 LE	0,57 CHF

Bankfilialen der wichtigsten Kreditinstitute (Banque Misr, National Bank of Egypt, Faisal Islamic Bank of Egypt u. a.) gibt es zahlreiche (Sa–Do 8.30–14 Uhr, in Metropolen 15.30 Uhr und länger), doch muss man mitunter lange Wartezeiten in Kauf nehmen, wenn

Festivals und Events

Februar
Abu Simbel Festival (21./22. Feb. und 21./22. Okt.) – Das »Sonnenwunder« (S. 100) wird feierlich begangen.

März
Opernaufführung »Aida« (meist 8.–11. März, Tel. 01 11/394 87 77 u. Facebook) – Im Oktober 2019 und 2020 wird vor dem Hatschepsut-Tempel in Luxor (S. 83) die Oper »Aida« von Guiseppe Verdi aufgeführt.

April / Mai
Sham en-Nessim (20. April 2020, 3. Mai 2021) – Das Frühlingsfest geht auf die alten Ägypter zurück und findet nach dem koptisch-orthodoxen Osterfest statt. Es wird landesweit mit Picknicks gefeiert.

Zweimal im Jahr: Abu Simbel Festival

Aid al-Fitr (2020–2022 im Mai, Termine S. 125) – Drei Tage lang wird das Ende des Ramadans gefeiert. Süßigkeiten wie die typischen Kahk-Kekse werden in Massen verputzt. Dazu trinkt man süßen Saft aus getrockneten Aprikosen.

Juni / Juli
Sandbox-Musikfestival (Monatsmitte, www.sandboxfestival.com) – In El-Guna geben sich die wichtigsten DJ-Stars der elektronischen Musik ein Stelldichein.

August
Wafaa al-Nil (2. Augusthälfte) – Ägypten feiert die Nilflut mit einem Fruchtbarkeitsfest, u. a. in Kairo.

September
Sharqia Festival for Arabian Horses (Ende Sept.) – Belbeis im Gouvernement Asch-Scharqiyya feiert die reinrassigen arabischen Hengste.

El-Guna Filmfestival (Monatsende, www.elgounafilmfestival.com) – Das Filmfest lockt Hollywood-Stars ans Rote Meer.

Oktober
Mulid des Sidi 'Ali ibn Hilal (um Vollmond) – Das »Versöhnungsfest« zur Dattelernte wird über drei Tage und Nächte kampierend in der Oase Siwa begangen.

Mulid des Saiyid Ahmad el-Badawī (8 Tage Mitte Okt.) – In Tanta findet zur Baumwollernte das größte islamische Heiligenfest Ägyptens statt, für den Sufi-Heiligen Saiyid Ahmad el-Badawī.

November / Dezember
Arab Music Festival (Mitte Nov. bis Mitte Dez., www.cairoopera.org) – Darbietungen in der Kairoer Oper.

man Geld wechseln will. **Wechselstuben** bieten i.A. bessere Konditionen. In Städten finden sich zahlreiche **Bankomaten** (Gebühren für Barabhebung mit der Girocard: rd. 1–2 €, 20–40 LE, plus die Gebühren Ihrer Hausbank (2–4 €). Barabhebungen mit Kreditkarten sind deutlich teurer (Gebühr rd. 5 €). Sie haben meist ein Abhebungslimit von nur 2000–3000 LE (rd. 100–150 €). Es kommt vor, dass Geldautomaten die Geldscheine einbehalten, doch keine Panik! Der Betrag wird Ihnen binnen weniger Tage gebührenfrei refundiert. Warten Sie zur Sicherheit ein wenig am Automaten. Zwischen 8.30 und 9 Uhr morgens befinden sich die meisten Bankomaten im Prozess der Vortagesabrechnung, Abhebungen sind in dieser Zeit nicht möglich. In abgelegenen Oasen wie Siwa sollten Sie v.a. an Wochenenden darauf vorbereitet sein, dass den EC-Automaten die Geldscheine ausgehen! Vor der Reise Ägyptische Pfund zu wechseln, ist nicht möglich.

Hotels akzeptieren in der Regel ab der Drei-Sterne-Kategorie **Kartenzahlung**. Ansonsten gilt fast überall: »Nur Bares ist Wahres«, v.a. im Taxi. **Euro** werden vielfach akzeptiert, wobei in Touristenhochburgen US-Dollar-Preise oft 1:1 in Euro umgerechnet werden. Obwohl bei Hotels theoretisch Devisenzahlungen Pflicht sind, nehmen viele auch Ägyptische Pfund an. Achten Sie beim Einkauf auf Basaren bei Euro- oder Kartenzahlungen darauf, dass man Ihnen keinen schlechten Kurs berechnet; es kommt auch zu Betrügereien bei Kartennutzung, etwa dass der LE-Betrag 1:1 in Euro abgebucht werden sollte! Moderne Zahlungsgeräte zeigen die Währung oder auch den Wechselkurs an.

Kosten im Urlaub
(durchschnittliches Preisniveau)

Flasche Wasser (1,5 l), gekühlt	6–15 LE
Türkischer Kaffee oder Hibiskustee	8–30 LE
Softdrink	8–20 LE
Dose ägyptisches Bier (0,5 l) / in Restaurants (Hotel-)Bars	20–40 LE / 80–120 LE
Flasche ägyptischer Wein	200–250 LE
Frischer Mango- oder Guavensaft	30–50 LE
Falafel- oder Foul-Sandwich	5–25 LE
Abendessen (Menü)	80–150 LE
Eintritt (städtisches, staatliches) Museum	40–250 LE
Mietwagen / Tag	700–1000 LE

Gesundheit

Eine **Reiseversicherung**, die auch den Rücktransport im Krankheitsfall abdeckt, ist überaus wichtig, da die gängigen Krankenversicherungen nicht alle Kosten übernehmen. Der ADAC bietet eine Rundum-Reiseversicherung an.

Impfungen sind für Ägypten nicht vorgeschrieben. Es ist aber ratsam, den Impfschutz gegen Tetanus-Diphtherie aufzufrischen und sich gegen Keuchhusten, Meningokokken, Hepatitis A und B, Typhus sowie Tollwut impfen zu lassen. Werfen Sie auch einen Blick auf die Website des Robert-Koch-Instituts (www.rki.de).

Ärzte und Krankenhäuser

Abseits der Metropolen Kairo und Alexandria und Touristenzentren wie Hurghada oder Scharm asch-Schaich

Ägypten von A–Z

ist die Gesundheitsversorgung mangelhaft und mit europäischen Standards nicht vergleichbar. **Vertrauensärzte** der Botschaften, Privatkliniken, aber auch gut ausgebildete Resorthotelärzte sind bei Beschwerden die erste Anlaufstelle.

Für Taucher gibt es bei **Tauchunfällen** speziell ausgestattete Überdruckkammern, u.a. in Hurghada (Naval Hyperbaric and Emergency Medical Center, Tel. 065/354 91 50 u. 065/354 41 95), Marsa Alam und El-Guna.

Apotheken

In Kairo, Alexandria und den touristischen Städten Assuan, Luxor, Hurghada oder Scharm asch-Schaich finden Sie auch durchgehend geöffnete Apotheken (arab. »saidalia«), erkennbar an grüner Leuchtschrift und dem roten Halbmond. Die Apotheker sprechen meist auch Englisch. Generell haben Apotheken Sa–Do von 8–14 oder 16, Fr bis 12 Uhr geöffnet. Die Medikamentenpreise sind deutlich niedriger als in Europa, doch es sind auch Fälschungen im Umlauf.

Vorsorge

Durchfallerkrankungen können Sie durch strikte Hygiene weitgehend vermeiden. Auch wenn das Leitungswasser in Kairo oder Alexandria sauber ist, trinken Sie nur aus versiegelten Plastikflaschen. Eiswürfel bergen ebenso Risiken wie ungeschälte Früchte.

Ein wirksamer **Mückenschutz** und ein Moskitonetz (imprägniert), Kleidung, die Arme und Beine bedeckt, sind empfehlenswert, denn v.a. in Ufernähe und in Oasen sind Moskitos teils eine Qual. Eine Malariaprophylaxe ist nicht zwingend. Obacht ist an der Küste des südlichen Roten Meeres ab Hurghada vor Dengue-Fieber geboten. Auch tagsüber sind die Stechmücken aktiv! Der **Bilharziose**-Wurm kommt im Nil und in stehenden Gewässern vor, wobei das Bad im Nil, v.a. ab Luxor südlich bis Assuan, wegen des sauberen Wassers und der Strömung kaum ein Infektionsrisiko darstellt. Die Inkubationszeit beträgt 6–8 Wochen. Sollten Sie Eintrittsspuren der Würmer (Zerkarien) erkennen, suchen Sie einen Arzt auf.

Ausgesprochen selten kommt es zu (manchmal tödlichen) **Hai-Angriffen**, v.a. um Scharm asch-Schaich. Gründe sind die Überfischung, Schlachtabfälle und von Tauchcrews illegal ausgelegte Köder. Häufiger trüben Schnittwunden durch **Korallenfragmente** am Sandstrand und daraus resultierende Infektionen den erhofften Badespaß. Ratsam sind daher robuste Badesandalen oder -pantoffeln, die auch vor den Stacheln von **Rochen** oder den überaus giftigen **Steinfischen** Schutz bieten. Lassen Sie beim Tauchen und Schnorcheln generell die Unterwasserfauna in Ruhe, auch der Löwen- oder **Feuerfisch** hat sehr schmerzhafte Stacheln und die **Moränen** rasiermesserscharfe Zähne.

Haustiere

Einzelne Hotels und Restaurants erlauben Haustiere, die Mitnahme in Zügen und Linienbussen ist jedoch nicht gestattet. Für die Einreise mit Hund oder Katze ist es erforderlich, die **Impfungen** auf aktuellstem Stand zu haben, allen voran den Tollwutschutz. Dieser muss mittels Blutanalyse belegt sein. Ihr Haustier muss mit **Mikrochip** versehen sein und einen **EU-Impfpass** haben sowie ein vom Veterinäramt ausgestelltes aktuelles **Gesundheits-**

zeugnis, das zur Beglaubigung an die Botschaft oder das Generalkonsulat gesendet werden muss.

Information

Auskunft gibt Ihnen die Botschaft Ägyptens in Ihrem Heimatland oder das zuständige Fremdenverkehrsamt. Ausführliche, nicht immer aktuelle Informationen (auch auf Deutsch) bietet die Webseite des Tourismusministeriums: www.egypt.travel.

Botschaften der Arabischen Republik Ägypten

■ Staufenbergstr. 6-7, 10785 Berlin, Tel. 030/47 90 18 80, www.aegyptische botschaft.de
■ Hohe Warte 50, 1190 Wien, Tel. 01/370 81 04, www.egyptembassy vienna.at
■ Elfenauweg 61, 3006 Bern, Tel. 031/352 80 12

Tourismusabteilung der Botschaft in Deutschland

■ Kurfürstendamm 151, 10709 Berlin, Tel. +49(0)30/188 72 46 70, http://de.egypt.travel

Staatliches Ägyptisches Fremdenverkehrsamt (Office du Tourisme d'Égypte)

■ Kaiserstr. 64, 60329 Frankfurt/M., Tel. 069/25 23 19, E-Mail: info.de@egypt.travel
■ Opernring 3, 1010 Wien, Tel. 01/587 66 33, E-Mail: info.at@egypt.travel
■ Stampfenbachstr. 42, 8006 Zürich, Tel. 044/350 20 40, E-Mail: info.ch@egypt.travel

Das **Ministerium für Antiquitäten** erteilt Auskunft über Sehenswürdigkeiten und Ausgrabungsstätten (z.B. Öffnungszeiten, Schließungen wg. Renovierungen) und lässt Ihnen gerne eine aktuelle Preisliste aller staatlich erhobenen Eintrittsgebühren zukommen (E-Mail: moa.portal@moantiq.gov.eg, www.antiquities.gov.eg).

Fremdenführer

Vor Ort geben Ihnen bei Sehenswürdigkeiten, in den Stadtzentren und an Bahnhöfen Beamte der Touristenpolizei Auskunft. Fremdenführer (auch deutschsprachige) führen einen offiziellen Ausweis mit sich, den das Antiquitätenministerium ausstellt. Der Tagespreis ist mit 50 US-$, rund 1000 LE, bemessen. Für Kairo und Gizeh, Sakkara und Dahschur sind die deutschsprachigen Guides Mohamed El Noshokaty (Tel. 0122/509 59 71) und Ramy Mina (Tel. 0122/357 58 46) zu empfehlen.

Klima und beste Reisezeit

Die Küste des Mittelmeeres mit ihren Sandstränden etwa um Marsa Matruh ist im Sommer ideal. Auch am Roten Meer, wo noch bis Oktober Nebensaison herrscht, kann man herrlich Urlaub machen, sofern man zur Mittagszeit eine Siesta pflegt. Die Hauptstadt Kairo ist dann zwar ein heißes Pflaster, wer aber das Sightseeing auf den Morgen und Abend legt, kann sie auch in dieser Jahreszeit erkunden. Generell bieten sich für eine Ägypten-Reise aber eher Herbst, Winter und Frühling an, von Mitte Oktober bis Ende Mai. Luxor und das südlichere Assuan erreichen bis in den September Temperaturspitzen um die 45 °C – selbst 50 °C sind im Hochsommer keine Seltenheit. Nachts kühlt es nur unzureichend auf 35 °C ab. Eine Klimaanlage in der Unterkunft ist

Ägypten von A–Z

unabdingbar. Im Frühjahr, insbesondere im Februar, März und April (eigentlich die beste Reisezeit!), kann es v.a. in Oberägypten zu **Sandstürmen** (arab. »habub«) kommen, die Ausflüge, Wüstentouren sowie Badetage am Roten Meer unmöglich machen und Flugpläne durcheinanderbringen.

Klimatabelle Kairo

Monat	Luft (°C) (min./max.)	Wasser (°C) Marsa Alam	Sonne (h/Tag)	Regentage
Jan.	9/19	23	7	1
Feb.	10/20	23	7	1
März	12/23	23	8	0–1
April	15/28	24	9	0–1
Mai	17/32	26	10	0
Juni	20/34	27	12	0
Juli	22/35	29	11	0
Aug.	22/34	30	10	0
Sept.	20/33	29	9	0
Okt.	18/30	28	9	0
Nov.	14/25	27	8	0–1
Dez.	10/20	25	7	1

Medien

Die Pressefreiheit ist in Ägypten stark eingeschränkt, veröffentlicht wird das, was die Militärregierung will. Es bietet sich daher an, in sozialen Netzwerken, wie etwa Twitter, deutschen oder deutschsprachigen Ägypten-Korrespondenten zu folgen sowie die Online-Auftritte heimischer Medien zu nutzen, um über aktuelle Entwicklungen informiert zu sein. Eine der wenigen unabhängigen Online-Nachrichtenseiten ist Mada Masr in englischer Sprache (www.madamasr.com/en).

Notfall

Die wichtigste Notrufnummer ist die **122**, die Sie direkt mit der Polizei verbindet. Rettung: Tel. 123, Touristenpolizei: Tel. 126, Verkehrspolizei: Tel. 128, Feuerwehr: Tel. 180.
ADAC Mitglieder können sich an den **Auslandsnotruf des ADAC** wenden: +49(0)89/222222. Bei Bedarf wird Ihnen ein Dolmetscher vermittelt.

Öffnungszeiten

Kairos Downtown und Alexandrias Zentrum schlafen so gut wie nie. Wobei im Regelfall **Geschäfte und Supermärkte** von etwa 8–22 Uhr geöffnet haben. Souks werden meist am späten Vormittag belebter, sind dafür aber oft bis Mitternacht offen. Der **Freitag** ist wie in den meisten arabischen Staaten Ruhetag. Viele Geschäfte und Basare haben dann, wenn überhaupt, nur bis Mittag geöffnet. Sehenswürdigkeiten schließen teils über die Zeit des Nachmittagsgebets (etwa 13–15 Uhr). Banken und Behörden sowie Botschaften haben ebenfalls geschlossen. Im Fastenmonat **Ramadan** (S. 125) müssen Sie mit kürzeren Öffnungszeiten auf den Basaren und bei Museen und Sehenswürdigkeiten rechnen.

Post

Postämter gibt es in allen wichtigen Orten und Städten, gewöhnlich sind sie tgl. außer Fr von 8.30–14 Uhr geöffnet. Postkarten müssen mit 8 LE für Europa frankiert werden, ein Standardbrief mit 12 LE. Postkästen finden sich bei Postämtern und in den Stadtzentren. Sie sind meist grün und mit »Egypt Post« beschriftet (www.egyptpost.org).

Ägypten von A–Z

Rauchen und Alkohol

Rauchverbote setzen sich nur langsam durch, etwa auf Flughäfen und Bahnhöfen. In den meisten Restaurants und Teehäusern ist das Rauchen erlaubt und die Luft oft verqualmt.

Alkohol wird nur in lizenzierten Bars und Restaurants ausgeschenkt, die auf Touristen ausgerichtet sind. Aber auch muslimische Ägypter sind einem Bier im Bauchtanzclub nicht immer abgeneigt. Während man in Kairo, Alexandria und Luxor noch tolerant ist, gilt: Je abgelegener die Orte, etwa die Oasen, desto weniger ist Alkohol akzeptiert und erhältlich.

Im Fastenmonat **Ramadan** und insbesondere als Frau sollte man tagsüber auf Rauchen und Alkoholkonsum in der Öffentlichkeit verzichten.

Es gibt feinen ägyptischen Wein, rot, weiß und rosé. Lagerbiere wie Stella, das eiskalt durchwegs mundet, und Sakkara gibt es in Hotelbars, hochpreisigen Restaurants und Spirituosengeschäften. Wer gern hin und wieder Hochprozentiges trinkt, sollte sich im Duty-free-Shop eindecken (S. 135).

Sicherheit

Ägypten ist ein weitgehend sicheres Reiseland, auch wenn der Ausnahmezustand nach wie vor (Stand Frühjahr 2019) besteht. Auf Überlandfahrten ist mit Militär- und Polizeicheckpoints zu rechnen. Überfälle, Autoeinbrüche und (Taschen-)Diebstähle sind der großen Armut zum Trotz sehr selten. Seien Sie dennoch aufmerksam und bewahren Sie Wichtiges, wie Geldbörse, Dokumente, Smartphones und Digitalkameras, an stark frequentierten Orten sicher auf. Manche Straßen sind für Touristen nachts nur mit Eskorte oder im Konvoi mit dem Militär zu befahren. Die mit Abstand größte Gefahr ist aber der **Straßenverkehr** (S. 123).

Wiederholt kam und kommt es auch zu teils verheerenden Bombenanschlägen und Attentaten mit Feuerwaffen seitens **radikal-islamistischer Terrorgruppen**, insbesondere auf koptische Kirchen und Klöster, aber auch Touristenbusse oder gar Charter-Flugzeuge (2015). Touristische Orte werden daher mit massiven Aufgeboten an Sicherheitskräften, Polizei und Militär bewacht.

Der **Nordsinai**, insbesondere nahe der Grenze zum israelischen Gaza-Streifen, ist noch Schauplatz von Kämpfen der ägyptischen Armee gegen hiesige al-Qaida-Gruppen. Von Reisen hierher ist absolut abzuraten. Teile des Sinai können auch spontan vom Militär zum Sperrgebiet für Ausländer erklärt werden. Die Militärpräsenz ist enorm. Behalten Sie über die Medien die aktuelle Entwicklung im Auge, und tragen Sie sich in die Krisenvorsorgeliste der Botschaft Ihres Heimatlandes ein. Teilen Sie Ihrer Auslandsvertretung mit, wenn Sie vorhaben, abgelegene Oasen wie Farafra oder Siwa und insbesondere den Sinai zu bereisen. Hier kann teils keine oder nur sehr eingeschränkt konsularische Hilfe geleistet werden.

Es kann vorkommen, dass **alleinreisende Frauen** von ägyptischen Männern, auch in Gruppen, belästigt und bedrängt werden (S. 133, Umgangsformen). Die Polizei ist nicht immer willens, einzuschreiten. Selbstbewusstes Auftreten, angemessene Kleidung, eine unmissverständliche Abweisung, ein Ehering (ob verheiratet oder nicht) sowie ein Familien- oder Partner-Foto bremsen Avancen interes-

Ägypten von A–Z

sierter Ägypter meist prompt. Frauen können indes ohne Bedenken Züge (vorzugsweise 1. Klasse), Linienbusse oder auch die Metro von Kairo (es gibt exklusiv für Frauen reservierte Waggons) nutzen.

Vor allem um Hurghada sind **Wucher und Betrügereien** bei Taxifahrern bekannt. Gehen Sie auch nicht Personen auf den Leim, die Sie »auf einen Tee« in den Laden eines angeblichen Verwandten locken wollen, um Ihnen überteuerten Ramsch anzubieten.

Sie sollten unbedingt **strengste Fotografierverbote** beachten: Sueskanal, Häfen, Flughäfen, Militärs und Polizisten, Militäranlagen, Brücken oder andere strategisch wichtige Bauwerke sind allesamt tabu. Wer hier zur Kamera greift, muss nicht nur mit der Beschlagnahme der Ausrüstung rechnen, sondern mit Haft.

Cannabis, das beliebte Cannabis-Harz **Haschisch** sowie Roh-**Opium** sind im Alltag der Ägypter verbreitet, aber natürlich strengstens verboten. Es drohen hohe Haftstrafen.

 ## Sport

Golf

Ägypten wartet mit zahlreichen, top gepflegten Golfplätzen auf. **The Cascades at Soma Bay Golf & Country Club** an der Soma Bay ist einer der besten Golfplätze des Landes (Tel. 065/354 98 96, www.somabay.com).

Tauchen und Schnorcheln

Um Hurghada müssen Schnorchler und Taucher oft lange Bootsfahrten (1–3 Std.) in Kauf nehmen, um noch eine intakte Unterwasserwelt zu sehen. Besser ist es südlich bei Safaga und nördlich bei El-Guna, bei der Insel Schadwan (Dschazirat Schakir), 30 km vor der Küste. Sehr beliebt sind auch mehrtägige Tauchsafaris auf komfortablen Ausflugsschiffen, die viele deutschsprachige Tauchcenter anbieten, u. a. www.diving.de (S. 106) oder www.blueplanet-liveaboards.com. Vergessen Sie nicht Ihren Tauchschein, Ihr Logbuch und eine sportärztliche Tauchtauglichkeitsbescheinigung.

Surfen, Kitesurfen und Segeln

Am Roten Meer finden **Surfer und Kitesurfer** ideale Bedingungen vor. 360Sudr ist eine exzellente Kitesurf-Schule und -Center 20 km südlich von Ras Sedr, einer Lagune mit Zugang zum offenen Meer und ganzjährig idealen Windbedingungen (www.360sudr.com). Das 7Bft Kitehouse an der malerischen Soma Bay (S. 107, www.kitehouse-somabay.com) bietet eine traditionsreiche Kitesurfer-Basis.

Segeln ist ebenso an Ägyptens Küsten, aber auch auf dem Nil beliebt. Top-Segelgebiete finden Sie so gut wie überall am Roten Meer, etwa in El-Guna, oder Marsa Matruh am Mittelmeer. Infos, auch zu Segelkursen, finden Sie beim Cairo Yacht Club (Tel. 023/7477441) oder dem Yacht Club Alexandria (Tel. 03/480 23 66) sowie Red Sea Sails (www.redseasails.com) in der Hurghada Marina.

 ## Strom und Steckdose

Für Ägypten brauchen Sie keine Adapter. Ein **Überspannungsschutz** ist ratsam, um Ihre empfindlichen elektronischen Geräte vor Schäden zu schützen. Stromausfälle sind keine Seltenheit. Es bietet sich an, eine potente **Powerbank** oder externe Batterie zum Aufladen von Smartphone, Tablet, Laptop oder Digitalkamera mitzunehmen – unbedingt im Handgepäck (das Einchecken ist nicht gestattet!).

Unglaublich hilfreich ist eine **Taschenlampe** bei Stromausfällen und für die Besichtigung von Gräbern, denn die Smartphone-Nutzung ist nur mit einem Foto-Ticket gestattet.

Telefon und Internet

Roaminggebühren für Anrufe und mobiles Internet sind in Ägypten extrem teuer. Wenn Sie keinen Schock erleben wollen, drehen Sie die **mobilen Daten** ab und nehmen Sie keine Anrufe entgegen (rd. 5–6 €/Min., 10–15 € pro MB). Informieren Sie sich aber vor der Abreise bei Ihrem Anbieter über etwaige Urlaubspakete, die Freiminuten und einige Gigabyte an Daten umfassen. Die wohl beste, wenngleich etwas mühselige Variante ist in Ägypten eine **Prepaid-SIM-Karte** (Telecom Egypt, Vodafone Egypt, Etisalat). Dafür ist der Reisepass und etwas Papierkram notwendig, aber für etwa 100–200 LE haben Sie dann rund 4 GB zur Verfügung und können Inlandsgespräche führen.

Die meisten Hotels und Herbergen bieten kostenloses **WLAN** an, das für die normale Nutzung passable Übertragungsraten bietet. Insbesondere Resorts lassen sich ihr WLAN auch für All-Inclusive-Gäste teils mit Gold aufwiegen (etwa drei Tage für umgerechnet 10 €, meist mit einem Daten-Limit von 300 MB).

Internationale Vorwahlen:
- Ägypten 00 20
- Deutschland 00 49
- Österreich 00 43
- Schweiz 00 41

Trinkgeld

Es ist Teil der Kultur, sich mit kleinen Trinkgeldern (»Bakschisch«) fast unentwegt erkenntlich zu zeigen. Daher bietet es sich an, stets kleinere Geldscheine (5, 10, 20 LE) und Münzen (5, 10 LE) griffbereit zu haben. Waren Sie mit dem Service zufrieden, geben Sie 10 % der Rechnungssumme oder runden auf. Ein Taxifahrer besteht mitunter auf einem Extra-Trinkgeld, auch wenn der Preis vorab ausgehandelt war. Hier können Sie ruhig einmal Nein sagen. Mitunter kann aber ein 20-LE- oder 50-LE-Schein versperrte Tempeltüren oder Gräber öffnen.

Umgangsformen

Passen Sie sich an die Gepflogenheiten eines **muslimischen Landes** an. Zeigen Sie sich takt- und respektvoll im Umgang mit der Religion. Frauen sollten außerhalb der Hotelanlagen die Schultern bedecken und von allzu freizügigen Kleidungsstücken (Miniröcke, Hotpants, tief ausgeschnittene Tops) gänzlich absehen. Bikinis sollten allenfalls in Urlaubsresorts mit überwiegend internationalen Gästen am Roten Meer getragen werden. Andernorts ist ein Badeanzug, ggf. darüber noch ein T-Shirt, zu tragen, das gilt auch am Mittelmeer, wo »Burkinis« die Bademode dominieren. Es gibt auch eigene Frauenstrände. In Oasen ist Frauen das Bad in den Quellen teils tagsüber nicht gestattet, nur abends und nachts im Privaten.

Äußern Sie öffentlich, gegenüber neuen Bekanntschaften, am Telefon oder auch in sozialen Netzwerken **keinerlei Kritik an der Regierung** unter dem Präsidenten as-Sisi, am Militär oder an

Ägypten von A–Z

der Politik generell. Unter Vorwürfen der Konspiration, »ausländischen Verschwörung« oder auch Terrorismus drohen lange Haftstrafen.

Außereheliche sexuelle Kontakte sind strafbar, und seien es auch »nur« Urlaubsflirts. Ägyptern und Ägypterinnen ist auch der Zutritt mit Europäern zum Hotel und Hotelzimmer untersagt, nur Verheiratete dürfen dies. **Homosexualität** ist ebenso strafbar.

Unterkunft und Hotels

In Hotels und Restaurants werden meist zusätzlich zum Preis die Mehrwertsteuer (14 %), eine Tourismusabgabe oder eine »Dienstleistungsabgabe« aufgeschlagen, die 15 % ausmacht. Sprich: Vom angeschriebenen Preis bis zur Rechnung kann die Summe 25 % mehr betragen. Online-Plattformen wie Booking.com und Co. funktionieren durchwegs exzellent, auch für Ferienwohnungen (AirBnB). Bei direkter Buchung beim Hotel (Telefon, E-Mail) kommen Sie aber oft weit günstiger (10–14 % Rabatt) weg. Empfehlenswerte Adressen finden Sie im vorderen Teil des Buches auf S. 37, 69, 101, 120.

Verkehrsmittel im Land

Bahn

Die Bahnfahrt mit der **Egyptian National Railway** (enr.gov.eg) in der 1. Klasse entlang dem Nil ist schon wegen der Ausblicke ein unvergessliches Erlebnis und überaus preiswert. Für unter 200 LE kommt man von Alexandria nach Assuan, wobei die Fahrt 14–17 Std. dauert. Vergessen Sie keinesfalls, eine dickere Jacke oder einen Pullover mitzunehmen, denn die Klimaanlage wird extrem eingesetzt.

Abteile im **Schlafwagen** (Alexandria–Luxor, Kairo–Assuan) sollten einige Tage im Voraus online gebucht werden (www.wataniasleepingtrains.com).

Bus

Zwischen den wichtigsten Städten, dem Hinterland und den Oasen verkehren regelmäßig Linienbusse. Jet-Bus und GoBus (go-bus.com/en) bieten in den oberen Klassen relativ großen Luxus bis hin zu WLAN und Verköstigung an Bord. Achten Sie auf den Zustand des Busses, der oft Hinweise auf die Fahrtauglichkeit der Fahrer gibt. Die Busfahrt von Luxor nach Hurghada, rd. 4–5 Std., kostet in der erträglichen »Deluxe«-Klasse 110 LE mit GoBus, von Hurghada nach Kairo etwa 190 LE.

Inlandsflüge

Die bequemste, sicherste und schnellste Form, in diesem großen Land von A nach B zu gelangen, sind Inlandsflüge, etwa mit **Egyptair** (www.egyptair.com). Ein Flug mit eingechecktem Koffer und Handgepäck von Kairo nach Luxor ist auch spontan noch für 50–90 € zu buchen. Egyptair bedient auch täglich die Strecke Kairo–Hurghada–Scharm-asch-Schaich (Sinai) sowie nach Marsa Alam. Auch die Billigfluglinie **AirArabia** (www.airarabia.com) wie auch **Nile Air** (www.nileair.com) bieten Inlandsverbindungen an.

Mietwagen

Wenn Sie es sich zutrauen, auf den mitunter anarchischen Straßen Kairos zu fahren, steht Ihnen eine Vielzahl internationaler und nationaler Autovermieter zur Verfügung (u. a. Sixt, Europcar, Avis). Verkehrsvorschriften und andere Hinweise siehe S. 124.

Ägypten von A–Z

Taxi

Nur die allerwenigsten Fahrer verwenden ein Taxameter. Verhandeln Sie den Preis also vor der Abfahrt, und geben Sie etwas »Bakschisch«, wenn Sie zufrieden waren. Taxis sind auch praktisch für Halbtages- und Tagestouren, sei es von Gizeh nach Dahschur, Sakkara und Memphis (zwischen 450 und 700 LE) oder von Luxor zu den wichtigsten Sehenswürdigkeiten auf der Westbank, wie das Tal der Könige (300–400 LE, 3–4 Std.).

Anstatt ein Taxi zu nehmen, wählt man in Kairo, Alexandria und Hurghada längst per App ein Uber (S. 109).

Privatchauffeur

Für längere Strecken kann man Privatunternehmer mit »Limousinen« (neuen, gut gewarteten Pkw mit Ledersitzen), aber auch Kleinbus- und Taxifahrer in Anspruch nehmen. Wie überall gilt, verhandeln Sie, mitunter hart, den Preis. Eine Fahrt von Marsa Alam am südlichen Roten Meer bis Kairo (8–9 Std.) sollte zwischen 100 und 150 € kosten, rd. 2000–3000 LE. Luxor–Hurghada über die gut ausgebaute »Red Sea Upper Egypt Road« etwa 40–50 € (3–4 Std.), max. 800–1000 LE. Für Hurghada, Al-Qusair und Marsa Alam ist Alaa Mahmoud (Tel. 0122/442 51 20) zu empfehlen und für Ausflüge um Luxor Salah Abbas (Tel. 0128/104 88 81).

Fähren

Fährschiffe queren den Nil und den Sueskanal. Nilkreuzfahrten und Feluken, kleine Segelboote, sind überaus beliebt und praktisch, insbesondere um die Tempelanlagen am Nil zwischen Abydos, Dendera, Luxor und Assuan zu besichtigen. Feluken bieten sich für einen romantischen Sonnenuntergangs-Törn an (S. 79).

Zeitverschiebung

In Ägypten gilt die Osteuropäische Zeit (EET, +1 Std. zur MEZ). Zur Sommerzeit ticken die Uhren in Ägypten aber wie in Mitteleuropa, da das Land keine Zeitumstellung durchführt.

Zollbestimmungen

Alles, was Sie für den **persönlichen Bedarf** benötigen, ist zollfrei nach Ägypten einzuführen. Bei der Einfuhr von Tabak und Alkohol nach Ägypten gilt 1 l Hochprozentiges, 2 l Liköre (bis 22 Volumprozent), 4 l (Schaum-)Wein, 200 Zigaretten (1 Stange) oder 250 g Tabak. Duty-free-Einkäufe dürfen im Gegenwert von 200 US-$ eingeführt werden, das geht auch noch am Flughafen nach der Ankunft in Ägypten; ein Zollbeamter kontrolliert die Einkäufe und trägt sie in den Pass ein: max. 4 l Spirituosen, 4 Stangen Zigaretten (je 200 Stk.). Achten Sie v. a. auf die **Ausfuhrgrenzen**, ein Warenwert von 430 € gilt als Freibetrag für Souvenirs aus Ägypten in die EU (p. P., bis 15 J. 175 €) und 300 CHF in die Schweiz. Die Ausfuhr von Ägyptischen Pfund (über 1000 LE), altägyptischen Kunstgegenständen, Gold- und Silberwaren sowie Antiquitäten ist strikt verboten. Ebenso sollten Sie keine Fossilien, Korallen, Muscheln oder Objekte aus Elfenbein mitnehmen: Es ist strafbar und unterminiert den Artenschutz. Die Ausfuhr von Teppichen erfordert eine Genehmigung des Handelsministeriums. Weitere Infos: www.zoll.de, www.bmf.gv.at und www.ezv.admin.ch/ezv/de/home.html.

Die Geschichte Ägyptens

Ca. 4500–3200 v. Chr. Sesshafte Ackerbaukulturen im Niltal.
2650–2150 v. Chr. Altes Reich: Bau der Pyramiden.
2030–1640 v. Chr. Mittleres Reich: Mentuhotep II. vereint Ober- und Unterägypten.
Ca. 1550–1070 v. Chr. Neues Reich: Religiöses Zentrum ist Theben (Luxor).
1069–664 v. Chr. Spätzeit: Tanis wird Hauptstadt, 671 v. Chr. erobern die Assyrer Unterägypten, 525 v. Chr. wird Ägypten persische Provinz.
332–331 v. Chr. Alexander der Große besiegt die Perser.
323–30 v. Chr. Ptolemäische Ära: Blütephase in der Baukunst.
30 v. Chr.–395 n. Chr. Octavius erobert Alexandria. Das Römische Imperium gliedert die Provinz Aegyptus ein.
395–619 Konstantinopel wird dominierende Macht, das Christentum im Jahr 380 Staatsreligion.
639–656 Islamische Eroberung durch das Kalifat der Umayyaden.
969–1171 Herrschaft der Fatimiden: Kalif al-Mu'izz verlegt den Hof von Kairouan (Tunesien) nach Kairo.
1171–1252 Herrschaft der Ayyubiden: Sultan Saladin erobert 1187 Jerusalem. Kreuzzüge gegen Ägypten scheitern.
1252–1517 Herrschaft der Mamluken.
1516–1805 Herrschaft der Osmanen.
1798–1801 Die Franzosen besiegen das osmanisch-ägyptische Heer.
1811–1849 Mohammed Ali Pascha modernisiert das Land.
17.11.1869 Eröffnung des Sueskanals.
1914–1918 Im Ersten Weltkrieg wird Ägypten zum britischen Protektorat.
1922 Sultan Fuad I. erlangt die Unabhängigkeit Ägyptens.
1942 Im Zweiten Weltkrieg kämpfen die Alliierten bei El-Alamein gegen die Achsenmächte.
1947–1948 Palästinakrieg: Ägypten besetzt Gaza.
1952–1953 Ägypten wird Republik und Gamal Abdel Nasser Präsident.
1956–1957 Die Sues-Krise endet mit der Verstaatlichung des Kanals.
5.–10.6.1967 Im Sechs-Tage-Krieg gegen Israel verliert Ägypten den Sinai.
1973 Jom-Kippur-Krieg: Präsident Muhammad Anwar as-Sadat führt die arabischen Staaten des Nahen Ostens in den 4. Krieg mit Israel.
6.10.1981 Präsident as-Sadat wird Opfer eines Attentats. Sein Vize Muhammad Hosny Mubarak folgt.
2011 Arabischer Frühling: Mubarak wird gestürzt. Mohammed Mursi wird zum Staatspräsidenten gewählt.
2014 Ex-General Abd al-Fattah as-Sisi putscht sich an die Macht.
2019 Die »neue Hauptstadt« 45 km östlich von Kairo nimmt Gestalt an.

Der Sueskanal bei seiner Eröffnung im Jahr 1869

Mini-Sprachführer

Englisch und Arabisch für die Reise

Das Wichtigste in Kürze	**Englisch**	**Aussprache Arabisch** (* weibl. Form; Dialekt in blau)
Ja/Nein	Yes/No	na'am/lā
Bitte/Danke	Please/Thank you!	'afwan/schukran
Hallo!/Auf Wiedersehen!	Hello!/Good bye!	marhaba! achlan wa sachlan!/ ma'a s-salama! salam!
Guten Morgen!/Guten Tag!	Good morning!	sabāh al-chair!/as-salāmu 'alaikum!
Guten Abend!/Gute Nacht!	Good evening/night!	masā al-chair!/laila sa'īda!
Mein Name ist …	My name is …	Ismi …
Entschuldigung!/ Es tut mir leid!	I'm sorry/Pardon me!	Smach li/smachi* li/ Ana āsif (āsifa*) M'alsh!
Achtung!/Vorsicht!	Attention!/Caution!	Intabih! Chali balak!
Ich verstehe Sie nicht.	I don't understand you.	Ana la afhamuk Masch fahem
Wie viel kostet das?	How much is it?	Kam yukallif hadā? Bkam tah?
Wo sind die Toiletten?	Where is the lavatory?	Aina al hamman? Fien al hammam?
Damen/Herren	Ladies/Gentlemen	al sitat/al-reschala
geöffnet/geschlossen	open/closed	maftūh/mughlaq, maqful
gestern/heute/morgen	yesterday/today/tomorrow	al-bāriha/al-yaum/al-ghad; imbarh/al-nahardh/bukra
Wo ist …?	Where is …?	Aina …? Fien …?
Ist das der Weg nach…?	Is this the way to …?	Hal hadā huwa at-tarīq ilā …? Awuez ahruh …?
Nord/Süd/West/Ost	north/south/west/east	schamāl/janūb/gharb/scharq
Ich möchte…	I would like …	Urīd … Ana awuez …
Die Rechnung, bitte!	The bill, please!	Al-hisāb min fadlik!
Auto	car	sayyāra arabia
Tankstelle	petrol station	mahattat benzīn banzina
Super/bleifrei/ Diesel	Super/unleaded petrol/ diesel	benzīn/chāli min ar-rasās/dīzil, sular
Panne	breakdown	mu'attal mesh schaghal

Wochentage

Montag/Dienstag	Monday/Tuesday	al-itnain/at-tulātā'
Mittwoch/Donnerstag	Wednesday/Thursday	al-arbi'ā/al-chamīs
Freitag/Samstag	Friday/Saturday	al-jum'a/as-sabt
Sonntag	Sunday	al-ahad

Hinweise zur Aussprache des Arabischen

c	vor ›a, o, u‹ wie ›k‹, z. B.: casa, vor ›e‹ und ›i‹ ähnlich dem englischen ›th‹
ā, ī, ū, ē, ō	lange Vokale wie in Hahn, Miete, Huhn, Meer, Bohne
ch	wie ›ch‹ in Buch
d̲	wie das stimmhafte englische ›th‹ in the
gh	›r‹ wie in Rand
j	›dsch‹ wie in Journal
t̲	wie das stimmlose englische ›th‹ in thing
w	wie das englische ›w‹ in wall
z	wie ›s‹ in sehr
'	stimmhafter Kehllaut, klingt wie ein aus der Kehle gepresstes ›a‹

Register

Alle Blickpunkt-Themen in diesem Band:

Das koptische Christentum in Ägypten 27
Saladin, erster Sultan von Ägypten 50
Das Große Ägyptische Museum (GEM) 59
Imhotep – vom Multitalent zur »Mumie« 60
Die Götterwelt im alten Ägypten 77
Grabräuber 82
Ramses II. 98

Lebensader Nil 33
Die Unterwasserwelt des Roten Meeres 110

Register

Abraham 49
Abu Dabbab 105
Abu Kafan 110
Abu l-Haggag 79
Abu Mena 26
Abu Simbel 98
Abu Simbel Festival 100
Abydos 66
Achet-Aton 64
Agiba 29
Aïn Khudra 117
Alabastermanufaktur 84
Alexander der Große 19, 29, 30
Alexandria 18
- Bibliotheca Alexandrina 20
- Corniche 21
- Katakomben von Kom el-Shoqafa 23
- Kom el-Dikka 19
- Königliches Schmuckmuseum 23
- Montaza-Palast 24
- Moschee des Abu-l-Abbas al-Mursi 22
- Nationalmuseum 20
- Pompeius-Säule 23
- Qaitbay-Zitadelle 22
- Sankt-Markus-Kathedrale 21
- Serapeum 23
- Tahrir-Platz 23
Al-Fayyum 64
Alkohol 131
Al-Mansura 33
Al-Qusair 106
Amada 97
Amenophis III. 74, 78, 80
'Amr ibn al-'As 41
Anba-Pola-Kloster 111
Anreise 123
Apotheken 128
Assuan 90
- Alte Souks 91
- Assuan-Museum 92
- Corniche 91
- Elephantine 92
- Fatimiden-Friedhof 95
- Felsengräber der Adeligen 94
- Isis-Tempel von Philae 95
- Kitchener-Insel 93
- Nil-Katarakt 93
- Nubisches Museum 95
- Simeonskloster 94
Assuan-Staudamm 92, 97
Auto 123

Bahariyya 61
Bahn 24, 43, 134

Bakschisch 133
Barrierefreies Reisen 124
Bastet-Kult 35
Belzoni, Giovanni Battista 98
Blue Hole 116
Blue Lagoon 116
Botschaften 125
Bubastis 35
Burckhardt, Johann Ludwig 98
Bus 134

Carter, Howard 83, 84
Charga 85
Cheops-Pyramide 56
Chephren-Pyramide 56
Chnum 87, 93
Christentum 27, 36, 47, 54, 117
Christie, Agatha 96
Closed Canyon 117
Coloured Canyon 119

D

Dachla 86
Dahab 115
Dahschur 60
Damiette 32
Deir al-Anba Pola 111
Dendera 67
Diplomatische Vertretungen 125

Register

E

Echnaton 65
Edfu 88
Einreise 123
El-Alamein 27
Elephantine 92
El-Guna 109
Elphinstone-Riff 110
Esna 87
Events 126

F

Fähren 135
Farafra 63
Feiertage 125
Feilschen 91
Feluken-Fahrt 79
Festivals 126
Festung Babylon 47
Flugzeug 123
Frauen 131, 133
Fremdenführer 129
Fußball 53

G

Geld 125
Gesundheit 127
Gizeh 55
Golf 132
Götter, altägyptische 77
Grabräuber 82
Granit 95
Großes Ägyptisches Museum (GEM) 59

H

Haie 128
Hathor 68
Hatschepsut 43, 83
Hatschepsut-Tempel 83
Haustiere 128
Heißluftballonfahrt 84
Henket 64
Hierakonpolis 88
Homosexualität 134
Horus 88
Hotels 134
Hurghada 107
Hygiene 128

I

Imhotep 58, 60
Information 129

Inlandsflüge 134
Internet 133
Isis 95
Islam 48, 49, 118, 125, 133

K

Kairo 40
- Abdeen-Palast 43
- Ägyptisches Museum 42
- Al-Azhar-Park 53
- Al-Hakim-Moschee 53
- Al-Manial-Palast 43
- Al-Mu'izz-Straße 51
- Ar-Rifai-Moschee 50
- Bab az-Zuweila 52
- Ben-Ezra-Synagoge 48
- Cairo Tower 43
- Chan el-Chalili 53
- Festung Babylon 47
- Gayer-Anderson-Museum 49
- Hängende Kirche 47
- Haus des Suhaimi Pascha 53
- Ibn-Tulun-Moschee 49
- Kloster des Heiligen Simon 54
- Koptisches Museum 47
- Metro 41
- Moschee des 'Amr ibn al-'As 48
- Museum für Islamische Kunst 51
- Nilometer von Roda 43
- Nördliche Totenstadt 54
- Qalawun-Komplex 52
- Ramses-Bahnhof 43
- Sabil-Kuttab 53
- Saladin-Zitadelle 50
- Sergios-und-Bakchos-Kirche 47
- Sultan-Hasan-Moschee 50
- Tahrir-Platz 42
- Wikala 52
Kalabscha 96
Katharinenkloster 117
Kitesurfen 132
Kleidung 133
Kleopatra 31
Klima 129
Knickpyramide 61
Kom Ombo 89
Kopten 27, 47, 54

Krankenhäuser 127
Kreuzzug 32, 33
Kristallberg 63
Krokodile 64

L

Leuchtturm von Pharos 20
Ludwig IX. 33
Luxor 72
- Deir el-Bahari 83
- Deir el-Medina 81
- Gräber der Adeligen 80
- Haus von Howard Carter 83
- Karnak 76
- Luxor-Museum 74
- Luxor-Tempel 73
- Medinat Habu 80
- Memnon-Kolosse 80
- Mumifizierungsmuseum 74
- Ramesseum 80
- Souks 78
- Tal der Könige 83
- Tal der Königinnen 82
- Totentempel von Sethos I. 83
- Westbank von Theben 79

M

Makadi Bay 108
Makarios-Kloster 36
Marienbaum 54
Markus, Apostel 21
Marsa Alam 104
Marsa Matruh 29
Mastabas 59
Medien 130
Memphis 60
Menas, Heiliger 26
Merit-Amun 66
Mietwagen 134
Mit-Rahina 60
Mohammed 118
Moses 48, 118
Mosesberg 117
Mykerinos-Pyramide 57

N

Narmer 42
Nationalpark Ras Mohammed 114
Nationalpark Wadi al-Gimal 104

139

Register

Nefertari 83
Neues Reich 98
Nil 33
Nildelta 16
Nil-Katarakt 93
Nilometer 43, 92
Notfall 130
Notrufnummern 124
Nubisches Museum, Assuan 95
Nuwaiba 118

O

Oase Aïn Khudra 117
Oase Bahariyya 61
Oase Charga 85
Oase Dachla 86
Oase Farafra 63
Oase Siwa 29
Oberägypten 70
Öffnungszeiten 130
Orakel des Amun 30
Osiris 67

P

Parken 124
Pauluskloster 111
Philae 95
Post 130
Preise 127
Privatchauffeur 135

R

Ramadan 125, 131
Ramses II. 74, 80, 98
Ramses III. 80
Ras el-Bar 32
Ras Mohammed 114
Rauchen 131
Reisezeit 129

Rohlfs, Friedrich Gerhard 87
Rotes Meer 102, 110

S

Sakkara 58
Saladin 50
Scharm asch-Schaich 112
Scharm el-Luli 104
Schlacht von Kadesch 98, 99
Schnorcheln 132
Schwarze Wüste 63
Segeln 132
Sethos I. 67, 83, 84
Sicherheit 123, 131
Sidi Abd el-Rahman 28
Sinai 102, 131
Siwa 29
Sketische Wüste 35
Smaragdminen 104
Snofru 60
Sobek 89
Sohag 65
Soma Bay 107
Sphinx 56
Sport 132
Straßenverkehr 123
Strom 132
Stufenpyramide des Djoser 58
Sues 111
Sueskanal 111
Surfen 132

T

Tal der Könige 83
Tanis 34
Tanken 124
Tauchen 106, 110, 113, 116, 132
Taxi 135
Telefon 133
Tell Basta 35

Tell el-Amarna 64
Tempolimits 123
Terrorismus 131
Thutmosis III. 84
Totentempel von Sethos I., Abydos 67
Trinkgeld 133
Tutanchamun 42, 84, 113

U

Übernachten 37, 69, 101, 120, 134
Umgangsformen 133
Unfall 124
Unterägypten 16
Unterkunft 37, 69, 101, 120, 134

V

Verkehrsmittel im Land 134
Verkehrsvorschriften 124
Vorwahlen 133

W

Wadi al-Gimal 104
Wadi al-Hitan 64
Wadi an-Natrun 35
Wadi Sikait 104
Währung 125
Wandern 117
Wechselkurse 125
White Canyon 117
WLAN 133
Wüstensafari 31

Z

Zagazig 35
Zeitverschiebung 135
Zollbestimmungen 135
Zuckerrohr 88
Zweiter Weltkrieg 27

Bildnachweis

Bildnachweis
Titel: Pyramiden von Gizeh
Foto: **AWL-Images** (Jon Arnold)
Rücktitel: links: **stock.adobe.com** (monticellllo); rechts: **Shutterstock.com** (paula french)

Getty Images: T. Labra 6.2; hadynyah 8/9; J. Wreford 10.2; A. Razali 11.2; H. Ibrahim 12.3; L. Epstein 14/15; C. Bouroncle/Staff 62; L. Dafos 66; Dennis K. Johnson 67; T. Pongphibool 76; CharlieChesvick 100 – **Huber Images:** M. Bortoli 105 – **imago:** Xinhua 26 – **iStock.com:** Goddard_Photography 36; jnerad 85 – **laif:** J. Chatelin 32 – **Look:** Hemis hemis.fr 7; age fotostock 34; robertharding 90/91 – **mauritius images:** Radius Images 6.1; S. Reddy/Alamy 11.3; M. Snell/Alamy 12.2; Juan C. Muñoz 17.2; Anna Stowe Travel/Alamy 52; age fotostock 58, 61; T. u. B. Morandi/Alamy 94 – **Shutterstock.com:** A. Ivanov 4/5, 86, 89; Jose I. Soto 5.1, 5.2; Sun Shine 6.3; D. Volyanskaya 9, 40/41; schusterbauer.com 13.1; eFesenko 18/19, 22, 46, 51; K. ElAdawy 25; N. Vinokurov 31; A. Kudelin 49; P. Lee 56; H. Kirk 65; V. Melnik 68; A. Master 72; WitR 93; unterwegs 97; K. Vackova 103; P. Vinten 106; Tunatura 110; Markeliz 112; R. Carey 114; Mohamed M. Raheem 115; A. Lyzun 119; A. Fortuna 126; Everett Historical 136; Aaron_Northcott 144 – **stock.adobe.com:** Big Rolo Images 28; Michael 99; grafikplusfoto 108; V. Haak 116

Impressum

Herausgeber: GRÄFE UND UNZER VERLAG GmbH, Postfach 86 03 66, 81630 München
Leitender Redakteur: Benjamin Happel
Autor: Jan Marot
Verlagsredaktion: Gernot Schnedlitz (verantw.), Larissa Köpp, Silke Tauscher, Nadia Terbrack
Redaktion und Satz: Jessika Zollickhofer, Thomas Rach, www.bintang-berlin.de
Bildredaktion: Henrike Schechter
Schlusskorrektur: Gudrun Raether-Klünker
Reihengestaltung: Eva Stadler
Kartografie: Kunth Verlag GmbH & Co. KG, München
Herstellung: Mendy Willerich
Druck: Drukarnia Dimograf Sp z o.o. (Polen)

Ansprechpartner für den Anzeigenverkauf:
KV Kommunalverlag GmbH & Co. KG, MediaCenter München,
Tel. 089/928 09 60

Ein Unternehmen der
GANSKE VERLAGSGRUPPE

ISBN 978-3-95689-534-0
1. Auflage 2019

© 2019 GRÄFE UND UNZER VERLAG GmbH, München
ADAC Reiseführer Markenlizenz der ADAC Medien und Reise GmbH, München

Leserservice
adac@graefe-und-unzer.de
Tel. 00800/72 37 33 33 (gebührenfrei in D, A, CH)
Mo–Do 9–17 Uhr, Fr 9–16 Uhr

Das Werk einschließlich aller seiner Teile ist urheberrechtlich geschützt. Jede Verwendung ohne Zustimmung von Gräfe und Unzer ist unzulässig und strafbar. Das gilt insbesondere für Vervielfältigungen, Übersetzungen, Mikroverfilmungen und die Verarbeitung in elektronischen Systemen.
Die Daten und Fakten für dieses Werk wurden mit äußerster Sorgfalt recherchiert und geprüft. Wir weisen jedoch darauf hin, dass diese Angaben häufig Veränderungen unterworfen sind und inhaltliche Fehler oder Auslassungen nicht völlig auszuschließen sind. Für eventuelle Fehler oder Auslassungen können Gräfe und Unzer, die ADAC Medien und Reise GmbH sowie deren Mitarbeiter und die Autoren keinerlei Verpflichtung und Haftung übernehmen.

Bei Interesse an maßgeschneiderten B2B-Produkten:
gabriella.hoffmann@graefe-und-unzer.de